KB210488

"

보이지 않지만

누구도 피할 수 없는

싸움에 대하여

"

생각이 당신을 괴롭힐 때

Freedom form Sinful Thought

생각이 당신을 괴롭힐 때

– 보이지 않는 싸움에 대하여

요한 하인리히 아놀드

칸앤메리 옮김

생각이 당신을 괴롭힐 때

지은이	요한 하인리히 아놀드
옮긴이	칸앤메리
초판발행	2021년 6월 28일
펴낸이	배용하
책임편집	배용하
등록	제364-2008-000013호
펴낸곳	도서출판 대장간
	www.daejanggan.org
등록한곳	충청남도 논산시 가야곡면 매죽헌로1176번길 8-54
대표전화	(041) 742-1424 전송 (0303) 0959-1424
분류	기독교	영성	관계
ISBN	978-89-7071-561-2 03230

이 책은 한국어판 저작권은 플라우출판사와 독점계약한 대장간에 있습니다.
기록된 형태의 허락 없이는 무단 전재와 복제를 금합니다.

 값 10,000원

차 례

누구든지 목마르거든
내게로 와서 마시라
나를 믿는 자는
그 배에서
생수의 강이 흘러나리라

— 나사렛 예수

독자들에게

나는 지금도 그 당시가 생생하다. 얇은 책이었지만, 아버지는 수개월 동안 심혈을 기울여 이 책을 쓰셨다. 그때 나는 아버지의 사역을 도운지 2년째 접어들었는데, 이 책을 함께 만드는 과정에서 아버지와의 관계가 놀라울 정도로 돈독해졌다.

아버지는 목사로서 어려움이나 갈등을 겪는 공동체 식구들을 상담하고, 위로하고, 격려하는 일에 언제나 각별하셨다. 아버지가 이 책을 쓰신 것은 너무나 당연한 일이었다. 싸움 끝에 깊은 좌절과 절망에 빠지는 수많은 사람들을 보면서, 아버지는 분명한 해결책이 있다는 확신을 나누고 싶어 하셨기 때문이다.

이 책은 출판되기 훨씬 전부터 사람들에게 커다란 반향을 불러

일으켰다. 아버지는 마무리되지 않은 원고로 '순전한 마음'이라는 주제로 여러 차례 강의하셨는데, 많은 사람들이 편지를 보내오는 뜻밖의 반응이 나타났다. 그래서 이 책의 내용이 새로운 신자나 젊은 신자뿐만 아니라 성숙하고 헌신된 그리스도인들까지도 폭넓게 관심을 두는 주제란 것을 분명히 알게 되었다.

책이 출판되자 독자들에게서 온 편지가 홍수처럼 쏟아졌다. 우리가 전혀 모르는 사람들이 많았고, 교도소에 수감된 죄수들도 있었다. 그들은 이 책이 자신들의 삶에 전환점이 되었다거나, 새로운 용기를 주었다고 말했다. 이 책을 읽고 자살하려던 마음을 돌이켰다는 사람도 여럿 있었다. 이렇게 이 책은 별다른 요란을 떨지 않았는데도, 해를 거듭하면서 꾸준히 사람들에게 알려졌다.

1982년 아버지가 돌아가신 후 여러 해에 걸쳐서, 출판되지 않은 많은 자료들, 곧 각종 녹음테이프, 원고, 기록, 초안 그리고 헤아릴 수 없을 정도의 많은 편지가 빛을 보게 되었다. 이 책의 핵심을 차지하는 아버지의 강조점에는 변함이 없다. 곧 그리스도만이 영적 싸움에서 위로를, 죄악으로 상처 입은 영혼에 치유를, 죄악의 속박에서 자유를 주신다.

이 책은 누구나 이해할 만한 쉬운 말로 씌어졌을 뿐만 아니라 우리 모두에게 보편적이고 너무나 치열한 영적 싸움에 대해 깊은 통찰을 담고 있다. 더욱이 이기심과 은밀한 죄, 죄책감과 두려움 때문에 기도가 막히고, 하나님과 이웃을 자유롭고 온전한 마음으로 사랑하지 못하는 사람들에게 새로운 삶을 약속한다. 오늘날처

럼 절망할 수밖에 없는 어두운 세상에 기쁨과 소망의 소식을 전해
준다.

뉴욕 리프톤에서 아들
요한 크리스토프 아놀드

서문

　기독교 전통 안에는 다양한 생각과 감정을 다스릴 수 있도록 도와주는 지혜를 담은 책들이 많은데, 그 중 하인리히 아놀드의 『생각이 당신을 괴롭힐 때』 *Freedom From Sinful Thought*는 아주 대표적인 책이다. 서방의 성 어거스틴이나 동방의 수도사들과는 달리, 아놀드는 자신이 속한 공동체의 전통으로부터 온 죄와 유혹에 맞서서 생생한 싸움을 전개하고 있다. 그의 통찰은 진솔하고 현실적이며 동시에, 우리를 새롭게 하고 변화시키시는 성령의 능력에 대한 확고한 믿음으로 넘쳐난다.

　우리는 생각하는 존재이다. 우리 마음속에 들어오는 생각들을 얕보면 안 되는 이유가 바로 여기에 있다. 악한 영들도 이 생각을 통해 우리 영혼에서 은밀한 싸움을 일으킨다. 15세기 주교인 막시

무스Maximus는 이렇게 경고한다. "행위보다 마음으로 죄를 짓기가 더 쉽기 때문에 그만큼 어떤 대상 자체와 맞선 싸움보다 마음속에 강하게 새겨진 연상聯想, image과 싸우는 전투가 훨씬 더 어렵다."

예수님은 "마음에서 나오는 것은 악한 생각"마 15:19이라고 말씀하신다. 또 "너희의 보물이 있는 곳에 너희의 마음이 있다."마 6:21고 말씀하신다. 그리스도인을 포함하여 대부분의 사람들에게 은밀한 생각과 상상의 영역은 자신만의 보물창고이다. 누구든 죄짓기를 원하지는 않으면서도 은밀한 상상의 세계를 포기하려 들지도 않는다. 선과 악의 싸움에서 승패가 좌우되는 곳이 바로 생각의 영역이다. 이 사실을 알았던 사도 바울은 "마음을 새롭게 함으로 변화를 받아서 하나님의 선하시고 기뻐하시고 완전하신 뜻이 무엇인지를 분별하도록 하라."룜 12:1-2고 말한다. 바울은 행동의 변화가 생각의 변화에서 출발한다고 보았다. 다시 말해, 죄악된 생각들로 부터의 자유가 선행되지 않고는 그리스도 안에서 누리는 참 자유에 이를 수 없다는 것이다.

죄악된 생각들에 대한 아놀드의 관심은 이처럼 변화라는 더 큰 맥락에서 이해되어야 한다. 그의 관심은 완전에 대한 병적인 집착이 아니다. 우리는 누구나 원하지 않는 연상이나 생각에 시달린다. 하지만 아놀드도 분명히 말하듯이, 우리를 유혹하는 생각 자체는 죄가 아니다. 문제는 그것을 어떻게 처리하느냐이다. 야고보 사도는 "욕심이 잉태한 즉 죄를 낳는다."고 말한다. 그러므로 우리 안에 들어온 악한 생각을 방치하고 키우느냐, 아니면 그것과 맞붙어

싸워서 그리스도 안에서 극복하기 위해 분투하고 있는가가 아주 중요한 문제다.

죄의 저주를 깨뜨리실 수 있는 분은 오직 그리스도이시다. 그리고 우리의 싸움을 의미 있게 하시는 분도 오직 그리스도이시다. 그리스도만이 우리가 분투하는 목적이며 푯대이기 때문이다. 어거스틴은 이렇게 말한다. "이 세상의 시험과 유혹과 염려의 한가운데서도… 우리 모두 여기 이 땅에서 주님을 찬양합시다. 편안한 삶을 즐기기 위해서가 아니라 우리의 수고를 덜기 위해서 말입니다." 우리는 유혹의 한복판에서 하나님을 찬양함으로써 영혼의 무거운 짐에서 해방될 수 있다.

궁극적으로 우리의 싸움은 유쾌한 것이다. 싸움에서 패할 때조차도 하나님의 사랑의 법이 우리의 마음과 생각보다 훨씬 더 크다는 확신이 있기 때문이다. 더 나아가 아놀드가 강조하듯이, 우리는 "주님에 대한 절대적인 믿음을 가지고 있기 때문에, 비록 여전히 아무것도 손에 잡히지 않을지라도, 전 존재를 남김없이 무조건적으로 주님께 드리게 된다. … 그러면 주님은 우리의 마음에 용서와 정결함과 평안을 주실 것이다. 그리고 이런 것들은 우리를 형언할 수 없는 사랑으로 이끌 것이다."

죄악된 생각으로부터 해방되어 누릴 수 있는 자유는 놀라운 선물이다. 모든 독자가 이 책에 들어 있는 지혜를 깊이 묵상하는 가운데 하나님의 사랑이라는 선물을 경험하면 좋겠다. 그분의 사랑이 없다면, 우리는 여전히 좌절의 수렁에서 허우적거릴 수밖에 없다. 하지만 그 선물을 경험하기만 하면, 온 세상을 정복한 사람이라도 부러울 게 없다.

아칸소 주 유레카 스프링스에서

존 마이클 탈봇

1. 보이지 않는 싸움

신앙을 가진 사람이라면 누구나 한 번쯤은 악한 생각을 하는 문제로 고민합니다. 그러나 원치 않는 감정이나 이미지에 빈번히 사로잡히는 사람들에게 이는 단순한 고민의 차원을 넘어 마음을 짓누르는 고통의 문제입니다. 모든 생각은 실현의 가능성을 안고 있습니다. 따라서 악한 생각은 재앙이나 다름없습니다. 제 주변에는 어두운 욕망이나 나쁜 생각을 실천하느니 차라리 죽음을 택하겠다고 하는 사람들이 있습니다. 하지만 이처럼 강한 의지를 갖춘다고 해서 이 문제를 피해갈 수 있는 것은 아닙니다. 악한 생각은 추적자처럼 우리를 뒤쫓기 때문입니다. 어떤 사람은 질투와 원한 혹은 불신으로, 어떤 사람은 성적인 환상 때문에 어려움을 겪습니다. 어떤 이는 증오로 괴로워하며, 신성 모독이나 심지어 살인을 꿈꾸기도 합니다. 자신의 마음속에서 무슨 일이 일어나는지 제대로 설명할 수 있는 사람이 있을까요. 우리 영혼의 상태를 알고 계신 분은 오직 하나님뿐입니다. 그런데도 우리는 여전히 복음서를 통해 우리의 내면에 관한 몇 가지 사실을 확인할 수 있습니다.

"악한 생각은 사람의 마음에서 나온다." 막7:21
"마음이 청결한 사람은 복이 있다." 마5:8

예수님의 알기 쉬운 이 말씀이 이 책을 이해하는 밑바탕이 될 것입니다.

저는 원치 않는 생각들로 괴로워하고 있으면서도 그것을 인정하기를 두려워하는 사람들과 수없이 상담해 보았습니다. 그들은 하나같이 자신이 그 문제로 고민하는 유일한 사람이라고 생각했습니다. 사실 우리는 모두 어느 정도 악한 본성을 지니고 있습니다. 살면서 한두 번쯤 악한 영에 굴복하는 경험을 하기도 합니다. 악한 영은 단순히 추상적인 개념이 아닙니다. 악한 영은 사람들의 약점을 공격하는 사악한 힘으로 실제 존재하는 것입니다. 악한 영이 마음에 자리 잡고 뿌리를 내리면 처음에는 언어로, 나중에는 행동으로 그 모습을 드러냅니다. 1920년대 독일에서 유년 시절을 보낸 저는 집 건너편에 있었던 여인숙에서 사람들이 유대인에 대해 증오에 찬 말을 내뱉는 것을 들은 적이 있습니다. 반유대주의에 대해 대수롭지 않게 생각했던 대부분의 마을 사람들과 달리, 저희 아버지는 격렬하게 항의하셨습니다. "지금은 비록 악담에 불과해도 언젠가는 만행이 됩니다. 그들이 말하는 것을 행동으로 옮길 날이 올 거란 말이오." 그 후 그들은 정말로 끔찍한 일을 저질렀습니다.

어떤 사람들은 악한 생각에 너무 자주 사로잡혀 마치 고문을 당하듯 괴롭게 살아갑니다. 그런 그들도 하나님께서 마음 깊은 곳을 살피신다는 것을 신뢰해야 합니다. 내면이 잡다한 생각들로 혼탁할 때도, 하나님은 악한 생각들로 고통받고 싶어 하지 않는 우리의 본심을 잘 알고 계십니다. 이것조차 확신하지 못하는 사람이 있다면 13세기 신비주의자 에크하르트의 말에서 위로를 얻기 바랍니다. "하나님의 사랑으로 불타오르기 원한다면 먼저 하나님을 간절히 찾아야 한다. 당신에게 그와 같은 간절함이 없다면 간절한 마음을 달라고 기도하라." 아무리 작고 희미하더라도 당신 안에 순결한 마음을 향한 바람이 있다면, 그것은 분명 하나님께서 당신의 마음속에서 일하시기 시작하셨다는 신호입니다. 물론 나쁜 생각을 의도적으로 즐기는 것과 그것을 떨쳐내려고 애쓰는 것은 확연히 다른 문제입니다. 제가 상담했던 사람 중에는 원치 않는 생각이나 욕망이 늘 따라다녀서 그런 것들에서 벗어날 수만 있다면 세상 끝까지라도 가보겠다는 사람도 있었습니다. 내면의 평화와 청결한 마음을 위해서 그 어떤 대가도 치르겠다는 것입니다. 이처럼 결연한 태도를 보이는 것도 바람직하지만, 먼저 우리 스스로 우리를 자유롭게 할 수 없음을 인정해야 합니다. 선과 악의 싸움은 단지 생각의 차원에서 일어나는 일이 아닙니다. 그것은 바울이 '내 지체에 있는 다른 법'롬7:23이라고 표현했던 죄와 성령 간에 벌어지는 전 우주적인 전쟁입니다. 우리는 예수님에 대한 믿음 없이 이 싸움에서 승리할 수 없습니다. 그분은 "두세 사람이 나의 이름으로 모이는 곳에 나도 함께하겠다"마18:20 하시며 승리를 약속하셨습니다. 많은 그리스도인이 악의 존재를 믿지 않을 뿐 아니라, 이 같은 싸움이 실재한다고 생각하지도 않습니다. 그런 사람들에게 이 책은 별 효용이 없을 것입니다. 이 책은 죄를 인정하고, 짓눌린 영혼의 자유를 찾으며, 깨끗한 마음을 간절히 구하는 사람들을 위한 책입니다. 책의 주제로 "악한 생각"은 그리 인기 있는 주제가 아닙니다. 하지만 저는 수 년간의 경험을 통해 참으로 많은 사람이 이 문제로 힘겹게 씨름하고 있음을 알게 되었습니다. 이 작은 책을 통해 단 한 사람만이라도 십자가의 자유를 발견할 수 있다면, 저는 그것만으로도 충분히 의미 있다고 생각합니다.

2. 유혹

어디까지가 유혹이고 어디서부터 죄라고 볼 수 있을까요? 나쁜 생각들 때문에 괴로워하거나 시험에 드는 것 자체가 죄는 아닙니다. 이를테면, 나에게 해를 끼친 사람에게 심한 욕을 퍼붓고 싶은 마음이 들었다가 참고 용서했다면 우리는 죄를 지은 것이 아닙니다. 반면 상한 감정을 풀지 않고 그 사람에 대해 계속 원한을 품는다면 그것은 죄가 됩니다. 마찬가지로 음란한 생각이 우리를 자극할 때 그런 생각을 물리친다면 그것은 죄가 아닙니다. 물론 포르노 잡지를 사는 것과 같이 의도적으로 음란한 생각을 키워나가는 것은 전혀 다른 문제입니다. 중요한 것은 유혹이 찾아올 때 우리가 어떻게 반응하는가입니다. 마틴 루터는 자신의 글에서 악한 생각은 마치 머리 위를 날아가는 새처럼 찾아온다고 묘사한 적이 있습니다. 나쁜 생각이 떠오르는 것을 막을 수는 없습니다. 하지만 그 생각이 머리 위에 둥지를 트게 놔둔다면 그것은 분명 우리의 잘못입니다. 유혹에서 완전히 벗어날 수는 없습니다. 그와 같은 일을 기대해서도 안 됩니다. 심지어 예수님께서도 시험을 당하셨습니다. 광야에서 천사로 위장한 사탄이 그분께 다가와 성경에 있는 말씀으로 유혹했습니다. 세 번째 시험을 겪고 나서야 예수님은 비로소 그의 정체를 알아보시고 말씀하셨습니다. "사탄아, 물러가라. 성경에 기록하기를 '주 너의 하나님께 경배하고, 그분만을 섬겨라.' 하였다." 자신의 정체가 드러난 것을 깨닫고 사탄은 예수님에게서 물러갔습니다. 그리고 천사들이 와 그분께 먹을 것을 드렸습니다.마 4:10-11 저는 한때, 예수님께서 평범한 인간처럼 유혹받으셨다는 발상을 불경스럽다고 생각했습니다. 하지만 그분은 분명 시험을 당하셨습니다. 그러나 결코 죄를 범하지는 않으셨습니다. 이와 같은 사실은 비단 우리 자신의 영적 생활뿐만 아니라, 심각한 유혹과 힘겨운 싸움을 벌이고 있는 사람들을 어떻게 도울 수 있을지 이해하는 데도 매우 중요합니다.

> 이 자녀들은 피와 살을 가진 사람들이기에, 그도 역시 피와 살을 가지셨습니다. 그것은, 그가 죽음을 겪으시고서, 죽음의 세력을 쥐고 있는 자 곧 악마를 멸하시고, 또 일생 동안 죽음의 공포 때문에 종노릇하는 사람들을 해방시키시기 위함이었습니다. 사실, 주님께서는 천사들을 도와주시는 것이 아니라, 아브라함의 자손들을 도와주십니다. 그러므로 그는 모든 점에서 형제자매들과 같아지셔야

만 했습니다. 그것은, 그가 하나님 앞에서 자비롭고 성실한 대제사장이 되심으로써, 백성의 죄를 대신 갚으시기 위한 것입니다. 그는 몸소 시험을 받아서 고난을 당하셨으므로, 시험을 받는 사람들을 도우실 수 있습니다. 히 2:14-18

히브리서의 저자는 독자들에게 이 점을 강조하기 위해 4장 15절에 같은 내용을 반복합니다.

우리의 대제사장은 우리의 연약함을 동정하지 못하시는 분이 아닙니다. 그는 모든 점에서 우리와 마찬가지로 시험을 받으셨지만, 죄는 없으십니다.

예수님은 결코 죄를 짓지 않으셨습니다. 그분의 인생에서 가장 치열한 순간을 맞이했던 겟세마네 동산에서 어둠의 세력과 상상을 초월하는 싸움을 치르시면서도, 마음을 빼앗기 위해 달려드는 악한 영의 모든 군대를 대적하시면서도, 예수님은 한 번도 아버지를 향한 사랑을 저버리지 않으셨습니다. 그분은 한결같이 아버지의 뜻에 순종하셨습니다. 우리가 살아 있는 한, 내면의 어둠과의 싸움은 계속될 것입니다. 안타깝게도 이것은 우리가 받아들여야 할 현실입니다. 끊임없이 찾아오는 악을 우리의 힘으로 극복할 수 있는 길은 없습니다. 문제는 나쁜 생각이나 느낌, 이미지들이 아니라 사도 바울이 '통치자들과 권세자들, 어두운 세계의 지배자들'이라고 표현했던, 우리를 공격하는 영적 세력입니다. 우리는 하나님의 보호하심을 위해 쉬지 않고 기도해야 합니다. 기도에도 불구하고 유혹이 찾아오면 구체적으로 그 유혹에서 벗어나게 해 달라고 기도해야 합니다. 어떤 경우에도 절망할 필요가 없습니다.

> 여러분은 사람이 흔히 겪는 시련 밖에 다른 시련을 당한 적이 없습니다. 하나님은 신실하십니다. 여러분이 감당할 수 있는 능력 이상으로 시련을 겪는 것을 하나님은 허락하지 않으십니다. 하나님께서는 시련과 함께 그것을 벗어날 길도 마련해 주셔서, 여러분이 그 시련을 견디어 낼 수 있게 해주십니다. 고전 10:13

예수님께서 우리를 위해 십자가 위에서 겪으셨던 것과 같은, 가혹한 시련을 겪어야 할 사람은 없습니다. 우리를 구원하시기 위해, 그분은 이미 우리 죄의 짐과 우리가 당할 유혹까지 모두 짊어지셨습니다. 시험에 드는 것은 죄가 아닙니다.

3. 죄

원치 않는 생각이나 이미지들로 고통당하는 것과 그와 같은 것들을 의도적으로 뒤쫓는 것은 별개의 문제입니다. 단순히 즐기기 위해 폭력적인 영화를 찾아보거나 야한 소설을 읽는 사람들을 유혹에 맞서 싸운다고 볼 수는 없습니다. 그들은 죄를 범하는 것입니다. 저는 이 책을 읽고 있는 분 중에 일부러 죄를 짓고 싶어 하는 분은 없을 것으로 생각합니다. 고의로 나쁜 생각들을 즐길 때, 우리는 어둠의 세력과 위험한 장난을 치고 있는 것입니다. 미처 그 영향력을 인식하지 못할 수도 있습니다. 많은 사람이 이 사실을 대수롭지 않게 여기며 말합니다. "누군가를 다치게 하는 것도 아닌데 뭐.", "그냥 내 머릿속의 일일 뿐인데…" 하지만 "생각은 당신이 생각한 것보다 훨씬 크다."라는 말처럼 상상은 언제나 눈앞의 현실이 될 수 있습니다. 악한 생각은 곧 악한 행동으로 드러나게 마련입니다. 야고보서의 말씀처럼, "사람이 시험을 당하는 것은 각각 자기의 욕심에 이끌려서, 꾐에 빠지기 때문입니다. 욕심이 잉태하

면 죄를 낳고, 죄가 자라면 죽음을 낳습니다."약 1:14-15

집단학살과 같은 끔찍한 범죄는 하루아침에 일어나지 않습니다. 마음에서 시작된 악이 행위로 드러나는 것입니다. 예를 들어, 유대인 대학살과 같은 참사는 수 세기에 걸친 편견과 비방의 결과였습니다. 작은 악이 다양한 형태의 박해와 대학살로 이어진 것입니다. 1960년대 미국의 대도시들을 휩쓸고 지나간 폭동들도 수백 년 동안 꺼지지 않은 인종혐오에서 비롯된 것이었습니다. 적지 않은 성폭력 범죄들이 가해자가 범행 이전에 보았던 영화에 영향을 받아 일어났다는 연구 결과도 있습니다. 극악한 범죄는 이미 사람의 마음과 생각에서 시작된다는 것을 '모방 범죄'처럼 여실히 보여주는 것도 없습니다. 젊은 시절 저는 독일에서 나치즘이 성행할 때, 지극히 평범하고 선량했던 사람들이 어떻게 악에 사로잡혀 순식간에 변하는지 직접 목격했습니다. 나치즘에 맞서 싸우다가 목숨을 잃은 사람들도 많았지만, 사실 대다수 사람은 유대인 대학살에 적극적으로 관여하거나 다양한 방식으로 히틀러를 지지하며 악에 굴복했습니다. 무관심한 태도로 침묵을 지켰던 사람들 역시 히틀러에 동조한 것이나 마찬가지였습니다. 문제는 국가를 지배했던 몇몇 사람에게 있었던 것이 아니라 어둠의 세력에게 자진해서 무릎을 꿇은 수백만의 사람들에게 있었습니다.

의도적인 죄는 대체로 개인적 차원에서 행해집니다. 목회자로서 상담하면서, 특별히 주술의 심각성을 깨닫게 되었습니다. 어떤 사람들은 주술을 과학의 연구 대상으로 보기도 합니다. 하지만 해롭지 않다는 심령술과 건강 반지, 책상을 이용한 강신술, 죽은 사람과 대화하기와 같은 미신적 행위들을 별생각 없이 시작했다가 악한 영에 영혼을 빼앗길 수 있다는 사실을 알아야 합니다. 저는 단호하게 이러한 것들을 멀리해야 한다고 강조하고 싶습니다. 어린아이와 같이 예수님을 따르는 신앙에서 주술이 설 자리는 없습니다. 악에 관해 연구하는 사람들, 즉 악의 근원을 파헤치고 사탄의 비밀을 밝혀내려고 시도하는 사람들이 있습니다. 그럴 수 있다고 수긍은 가지만 하나님께서 정말 이러한 일을 원하실까요? 제가 보기에 이미 이 사회에 알려진 살인과 간음, 여러 가지 다른 죄악상만으로도 충분히 많은 사람이 괴로워하고 있습니다. 과학적 실험이라는 이름으로 악과 위험한 장난을 벌이는 사람들도 있습니다. 그들은 악에 관한 논쟁을 이해하려고 할 뿐, 어둠을 원하는 것은 아니라고 주장합니다. 하지만 이런 사람은 장난감처럼 악을 가지고 놀다가 악에 사로잡혀, 자신이 생각한 것보다 훨씬 심각한 상황에 놓이게 됩니다. 결단하지 않고 악에 허점을 그대로 내보인다면, 다시 말해 악을 완전히 끊어버리지 않고 도리어 악에게 우리 마음의 고삐를 쥐여준다면 우리는 결코 악에서 헤어나올 수 없습니다. 아주 작은 고삐라 할지라도 악은 계속해서 우리 삶을 조종하려 할 것입니다. 저는 지금 단지 주술에 관해서만 말하고 있는 것이 아닙니다. 하나님을 거스르는 모든 것, 질투와 미움과 정욕, 권력욕과 같은 다른 많은 죄악 역시 마찬가지입니다. 하나님께서 우리 삶에 개입하시는 것을 싫어하여 조금이라도 내 마음을 완고하게 한다면, 우리는 그리스도를 통해 베푸시는 그분의 자비를 스스로 물리치고 있는 것입니다. 상한 갈대를 꺾지 않으시고 꺼져가는 등불을 끄지 않으시겠다고 말씀하신 예수님처럼, 우리도 두 마음을 품은, 흔들리는 영혼을 사랑으로 대해야 합니다. 하지만 예수님께서도 종국에는 성령을 슬프게 하는 일들을 절대 용납하지 않으실 것입니다. 사탄과 그의 추종자들과의 전투에서 영원히 승리하신 그분은 우리도 최선을 다해 이 싸움에 임할 것을 촉구하고 계십니다.

4. 의지

유혹과 씨름하면서 우리는 어떻게 시야를 가리는 어둠의 장막을 걷어내고, 우리가 그토록 갈망하는 하나님의 사랑에 초점을 맞출 수 있을까요? 권투 경기나 길거리에서는 강한 의지의 소유자가 이기게 마련입니다. 하지만 내면의 싸움에서 의지가 얼마나 강한가는 싸움의 승패에 아무런 영향을 주지 못합니다. 단순히 의지로만 우리의 죄 된 본성을 극복할 수는 없습니다. 의지는 결코 중립적이지 않고, 상반되는 감정이나 외부의 요인들에 영향을 받아 한쪽으로 치우치기 십상입니다. 내면의 싸움에서 의지는, 독일 철학자들의 표현을 빌리자면, '경련을 일으키며 움츠러들기verkrampft' 때문에 기대할 게 못 됩니다. 오히려 의지 때문에 지워버리려고 하는 그 악을 머릿속에 더 깊이 새기기도 하고, 심지어 실행에 옮기기도 합니다. 스위스의 프랑스계 정신과 의사 샤를 보두앵Charles Baudouin은 다음과 같이 말합니다.

어떤 생각이 마음에 떠오를 때, 그 생각을 지우고자 하는 의식적 노력은 모두 성공을 거두지 못하고 도리어 역효과를 불러온다. 머릿속에서 떨쳐버리려던 생각이 반대로 한층 강화되어 버리는 것이다.

사도 바울도 이 같은 문제를 알고 있었습니다.

나는 내가 하는 일을 도무지 알 수가 없습니다. 내가 해야겠다고 생각하는 일은 하지 않고, 도리어 해서는 안 되겠다고 생각하는 일을 하고 있으니 말입니다… 나는 선을 행하려는 의지는 있으나, 그것을 실행하지는 않으니 말입니다. 롬 7:15, 18하

여기에서 의지와 더 깊고 본질적 갈망인 양심을 구별해 본다면 이해에 도움이 될 것입니다. 의지는 유혹이 찾아올 때 생각이나 욕구를 억제하려고 시도하는 반면, 양심초기 퀘이커 교도들은 이를 '내면의 빛'이라고 불렀습니다은 우리를 순결한 마음으로 돌이키게 합니다. 그리스도께서 거하시는, 영혼의 가장 깊숙한 곳에서 양심은 우리에게 삶의 방향을 제시합니다. 이런 양심이 주도권을 잡을 때 우리는 절대 유혹에 굴복하지 않습니다.

이 두 가지 종류의 '의지'가 유혹에 맞서는 방식을 살펴보며 우리는 자연스럽게 한 질문을 떠올릴 수 있습니다. 도대체 이처럼 불청객 같은 나쁜 생각들은 어디에서 오는 것일까요? 이에 대한 답을 찾을 방법은 단 한 가지입니다. 악은 바로 우리의 마음에서 시작한다는 것을 인정하는 것입니다. 사탄이 종종 우리를 공격한다는 사실을 부인하는 것은 아닙니다. 단지 악의 공격을 너무 강조하는 것은 바람직하지 않다고 얘기하는 것입니다. 각자의 생각과 행동의 책임은 결국 자기 자신에게 있기 때문입니다. 이 같은 사실을 인정한다면 왜 의지력만으로 악한 생각을 극복할 수 없는지 쉽게 이해하게 될 것입니다. 그리고 스스로 마음을 청결하게 하지 못한다는 사실을 겸허히 받아들이게 될 것입니다. 다시 강조하지만, 오로지 의지력으로 악을 제압하려 한다면 오히려 우리는 악에 정복당할 것입니다. 보두앵의 동료였던 에밀 쿠에Emil Coué의 말처럼, "의지와 나쁜 생각이 전쟁을 벌일 때, 승자는 예외 없이 나쁜 생각입니다." 반면 간절히 예수님을 찾는 내밀한 영혼의 부르짖음에 귀를 기울이기 시작하면, 마음속의 악은 물러서기 시작합니다. 영혼 깊은 곳의 양심을 의지하여, "제 뜻이 아닌 예수님의 뜻을 이루소서. 주님의 순결하심은 제 마음의 음란함을 뛰어넘고, 주님의 인자하심은 저의 질투보다 큽니다. 주의 사랑이 저의 미움을 물리칠 것입니다."라고 기도한다면 차츰차츰 유혹들이 사라질 것입니다. 우리는 예수님께 신실하지 못해도 예수님은 언제나 우리에게 신실하시다는 것을 믿어야 합니다. 예수님은 저 먼 하늘에서 가끔 우리에게 손을 뻗치시는 그런 분이 아닙니다. 사도 바울이 그의 편지에서 증언하고 있듯, 그분은 "약하셔서" 십자가에 못 박혀 돌아가셨지만, "하나님의 능력으로" 지금도 살아계신 구세주입니다.

우리도 그분 안에서 약합니다마는, 하나님의 능력으로 그분과 함께 살아나서, 여러분을 대할 것입니다. 여러분은 자기가 믿음 안에 있는지를 스스로 시험해 보고, 스스로 검증해 보십시오. 여러분은 예수 그리스도께서 여러분 안에 계시다는 것을 알지 못합니까? 모른다면, 여러분은 실격자입니다. 그러나 나는 우리가 실격자가 아니라는 것을 여러분이 알게 되기를 바랍니다. 우리는 여러분이 악을 저지르지 않게 되기를 하나님께 기도합니다. 그것은 우리가 합격자임을 드러내려는 것이 아니라, 우리는 실격자인 것처럼 보일지라도, 여러분만은 옳은 일을 하게 하려고 하는 것입니다. 우리는 진리를 거슬러서는 아무것도 할 수 없고, 오직 진리를 위해서만 무언가 할 수 있습니다. 우리는 약하더라도, 여러분이 강하면, 그것으로 우리는 기뻐합니다. 우리는 여러분이 완전하게 되기를 기도합니다. 고후 13:4-9

5. 암시의 힘

아버지께서 돌아가신 지 얼마 안 돼, 서재에서 노랗게 색이 바랜 낡은 책 한 권을 발견했습니다. 보두앵이 쓴 『암시와 자기암시 *Suggestion und Autosuggestion*』라는 책이었습니다. 그 후로 저는 악한 생각을 어떻게 다룰 것인가 하는 주제로 고민할 때마다 종종 이 책을 꺼내 보곤 합니다. 보두앵에 따르면, 암시란 외부에서 잠재의식 속에 들어온 감정이나 이미지들을 이용해 어떤 생각을 현실화하려는 힘이라고 할 수 있습니다.

즐거움과 고통 또는 어떤 감정에 대해 계속 생각하다 보면 곧 그 같은 감정들이 현실화되는 경우가 많다.… 따뜻함을 연상케 하는 햇빛을 보는 것 자체로 우리는 따뜻하다고 느낄 수 있다. 반대로, 눈이 내리는 광경이나 온도계의 낮은 눈금을 보는 것만으로도 춥다고 생각할 수 있다.

우리는 날마다, 끊임없이 암시의 영향을 받으며 살아갑니다. 함께 사는 사람이나 직장 동료로부터 영향을 받는 것이 아마 그 좋은 예가 될 것입니다. 우리가 보는 책이나 잡지, 신문 또는 전시회나 영화, 우리가 듣는 음악과 매일같이 쏟아지는 광고에도 미묘하지만, 사람에게서 오는 것만큼 강력한 암시의 힘이 존재합니다. 암시는 우리에게 긍정적인 영향을 줄 수도 또 부정적인 영향을 줄 수도 있습니다. 그러나 원치 않는 생각들과 씨름하는 상황이라면, 암시가 우리의 양심에 재갈을 물릴 만큼 막대한 힘을 발휘할 수 있다는 점을 알아야 합니다. 우리는 낙태나 동성애와 같이 의견이 분분한 이슈, 폭력을 바라보는 시선과 같은 사회적 문제에서도 암시의 부정적 영향을 쉽게 찾아볼 수 있습니다. 이러한 이슈들을 다룰 때 사람들은 종종 격한 감정에 휩싸여 사안들을 객관적으로 논할 수 없게 됩니다. 이처럼 중요한 문제들을 숙고할 때, 미디어나 전문가들의 의견에 휘둘리지 않고 자신의 마음을 차분히 살필 수 있다면 이 사회는 얼마나 달라질 수 있을까요!

이처럼 암시의 그늘에 있는 시대정신zeitgeist은 아마도 이 시대를 특징짓는 '부끄러움을 전혀 모르는 문화'에서 가장 잘 드러나는 것 같습니다. 현대의 패션과 문학, 예술과 음악은 하나님을 떠난 내면의 부조화를 보여주며, 단지 말초신경을 자극하는 데 여념이 없어 보입니다. 한 걸음 더 나아가 살펴보면 우리는 이 같은 시대정신이 사회 곳곳에 퍼져 있음을 알 수 있습니다. 정부와 기업의 부패, 허물어진 가족과 인간관계는 이러한 시대적 흐름을 잘 대변하며, 학교와 대학교, 대중 매체, 의료계와 법조계 등에서도 우리는 그와 같은 현상을 확인할 수 있습니다. 그중에서 가장 안타까운 것은 바로 공허하고 위선적인 종교 행위를 제공하는 무수한 교회들일 것입니다. 이 모든 것들에 대한 예수님의 태도는 분명합니다. 그분은 이러한 시대정신이 '우리 형제들을 참소하는 자', '처음부터 살인한 자'인 사탄에게서 비롯한 것임을 밝히 드러내시며 단호히 유죄판결을 내리십니다. 그리고 주님은 우리 자신에게 물어볼 것을 요구하십니다. "이토록 혼탁하고 소란스러운 시대에 어떻게 우리는 하나님의 세밀한 음성을 들을 수 있을까?"

6. 자기암시

암시와 반대로, 자기암시는 "외부의 영향에 반응하여 내면에서 반사적으로 어떤 생각을 떠올리는 심리작용"입니다. ^{보두앵} 자기암시는 언뜻 긍정적인 것으로 보이기 쉽습니다. 실제로 우리 안의 나쁜 심상心像을 좋은 심상으로 대체하는 데 자기암시가 도움이 되기도 합니다. 하지만 제 경험에 비추어 볼 때, 자기암시를 긍정적이라고 단정할 수만은 없습니다. 종종 악한 생각을 가질 것에 대한 두려움이 도리어 악한 생각을 불러오는 촉매제가 될 때가 있습니다. 이것 역시 일종의 자기암시입니다. 자기암시 때문에 우리는 본의 아니게 자신을 극한의 불안 상태로 몰아가, 하나님을 향한 믿음과 심지어 문제를 해결하려는 의지조차 잃고 마는 난처한 상황에 빠질 수 있습니다. 자기암시는 일상의 다른 영역에도 영향을 미칩니다. 자전거를 배워 본 사람이라면 누구나 온 신경을 곤두세워 도랑이나 벽을 피하려 하다가 도리어 도랑에 빠지거나 벽에 부딪혔던 기억이 있을 것입니다. 왜 이런 일이 생기는 걸까요? 사고를 피하려는 온갖 의지적 노력^{어쩌면} _{이처럼 지나친 정신 집중이 원인일 수도 있습니}
_다에도 불구하고 우리 마음에는 자기암시로 인해 사고를 피할 수
없을 거라는 불길한 느낌이 들기 시작합니다. 보두앵은 원치 않는
특정한 생각을 다른 생각으로 지워버리려는 시도가 많은 정신적
에너지를 소비하면서도 끝내 실패할 수밖에 없다는 점을 지적하며
다음과 같이 이 문제를 설명합니다.

> 잘 알고 있던 이름을 기억하지 못해 불안해하는 한 사람
> 이 있다. 자신의 기억이 말을 안 듣는 것에 충격을 받은 그
> 는 본능적으로 그리고 무의식적으로 이름을 떠올리려 시
> 도해 보지만 오히려 기억만 가물거릴 뿐이다. 이름을 기억
> 하려고 노력할수록 더 깊이 망각의 늪으로 빠져드는 것이
> 다.… 여기서 우리는 노력할수록 이름이 기억에서 멀어지
> 는 희한한 느낌을 받는다. 기억을 건져보려 할 때마다 기
> 억의 호수는 흐려지고, 바닥에 가라앉아 있던 진흙만 일
> 어나 뿌연 물을 더 흐려놓는다. 마침내 기억은 깜깜해지고
> 아무 생각도 나지 않는 상태가 된다. 조금 전만 하더라도
> 입 안에서 맴돌던 이름인데 이제는 기억 속에서 완전히 사
> 라져 버렸다. 도대체 어떻게 이런 기억 상실이 일어나는 걸
> 까? 앞에서 언급한 일시적인 기억의 감퇴가 대체로 우리는
> 인정하지 않지만, 불쾌하고 불만스런 감정과 함께 여러 번

반복된다고 가정해 보자. 즉각적으로 우리는 기억이 제대로 작동하지 않는다고 생각할 것이다. 이러한 생각 때문에 실제로 우리의 기억은 말을 안 듣기 시작한다. 망각이 우리 마음에 강한 인상을 남기고, 이러한 인상 때문에 우리는 기억을 잃었다는 생각에 더욱 집착하게 되는 것이다.

우리 마음에 들어온 무수한 생각의 씨앗들은 기억에서 잊힌 지 오랜 후에도 여전히 잠재의식 속에 남아 영향을 미칩니다. 성적 환상처럼 원치 않는 생각에 시달려 본 경험이 있는 사람이라면 누구나 이 사실을 이해할 것입니다. 대개 이러한 생각들은 과거에 아주 잠깐 우리의 주의를 끌었던 이미지에서 시작됩니다. 하지만 구약에 나오는 야곱의 이야기는 의식 세계의 또 다른 측면을 보여줍니다. 야곱이 마음을 모아 기도에 집중했을 때 하나님께서 얼마나 놀라운 꿈으로 그를 축복하셨는지 우리는 잊지 말아야 할 것입니다. 자기암시에 대한 보두앵의 가르침은 특별히 잠자리에 들기 전, 자신의 마음과 생각에 무엇을 채우고 있는지 돌아보라고 경고합니다. 노심초사 자기 문제를 병적으로 살펴야 한다는 것은 아닙니다. 사실 너무 많은 사람이 지나치게 자신을 분석하려는 경향이 있습니다. 물론 자신의 단점을 솔직하게 직면하는 것이 정신 건강에 도움이 되기도 합니다. 사도 바울도 자신을 살피는 자는 심판 받지 않을 거라고 말했습니다. 그러나 중요한 것은 자신을 살필 때, 우리를 죄에서 해방하시기 원하시는 그리스도에 대한 믿음을 가지는 것입니다. 이러한 믿음 없이 지나치게 자신에게만 몰입하면, 우리는 모든 동기를 의심하게 되고 변화에 대한 희망마저 상실하게 됩니다. 결국에는 심한 우울증에 걸려 하나님에게서 완전히 멀어질 수도 있습니다.

결론적으로 제가 드리고 싶은 말씀은, 비록 완전하지 못하고 피상적일지라도, 우리가 어느 정도 자기암시를 이해하게 될 때 비로소 우리 안에 내면세계에 대한 책임의식이 싹트기 시작한다는 것입니다. 이러한 이해를 바탕으로 우리는 사탄이 공격하는 내면의 약점을 극복하고 우리의 힘을 사랑하는 데 사용할 수 있을 것입니다. 내면의 갈등을 해결하는 데 힘을 다 소진해 버리면 자기 문제를 넘어 다른 사람들을 사랑할 수 없습니다. 자신의 근심을 잊고 예수님과 형제자매들을 바라보는 것만이 유일한 해결책입니다. 자신에게서 시선을 돌릴 때, 우리가 끊임없이 두려워하며 자기 문제를 살펴야 할 정도로 하나님은 가혹한 분이 아니심을 깨닫게 될 것입니다. 하나님은 사랑의 하나님이십니다. 그분을 찾는 모든 자에게 하나님은 희망과 새 생명을 주십니다.

7. 생각의 덫

대부분의 사람은 한 번쯤 어떤 생각에서 헤어나올 수 없어 좌절했던 경험이 있을 것입니다. 긍정적이고 나쁘지 않은 이미지나 노랫가락이 머릿속을 맴도는 정도라면 잠시 짜증을 일으킬 뿐 더는 문제가 되지 않습니다. 그러나 무슨 수를 써도 사악한 생각을 떨쳐내지 못하는 경우라면 이는 심적인 고통을 유발하는 큰 문제가 될 수 있습니다. 어떤 사람들은 시기와 질투로 힘들어하고, 또 어떤 이들은 불신과 원한의 감정 때문에 괴로워합니다. 음란한 이미지나 야한 생각을 떨쳐 버리기 위해 끊임없이 몸부림치는 사람도 있습니다. 자신을 괴롭히는 생각 때문에 근심하는 것, 다른 생각에 집중해서 원치 않는 생각을 몰아낼 수 있다고 그릇된 희망을 품는 것이 우리를 감정의 소용돌이에 빠뜨려 혼란스럽게만 할 뿐 아무런 도움이 되지 않는다는 점을 살펴보았습니다. 실제로 최선을 다해 경건한 마음을 추구하다가 도리어 신성모독이나 살인과 같은 흉측한 생각에 시달리는 사람을 만나보기도 했습니다. 그렇다면 우리는 어떻게 해야 할까요? 제 경험으로는 두 가지가 중요합니다. 첫째, 악한 생각으로 어려움을 겪을 때 결코 혼자가 아니라는 것을 기억해야 합니다. 내적 싸움이 길어지고 격렬해질수록 이같은 사실을 쉽게 잊을 수 있습니다. 수 년간 상담을 하면서 저는 이 문제가 누구에게나 생길 수 있는 보편적인 것임을 깨달았습니다. 또 목사나 신부, 배우자나 멘토 그리고 가까운 친구와 같이 신뢰하는 사람과 문제를 터놓고 얘기하는 것이 적어도 어느 정도 도움이 된다는 점도 알게 되었습니다. 둘째, 어려움을 극복할 수 있다는 믿음을 잃어서는 안 됩니다. 자기 회의와 두려움이라는 악령에 굴복하기 시작하면 이 싸움은 이미 진 것과 다름없습니다. 보두앵은 다음과 같이 말합니다.

이렇게 의식이 계속해서 어느 한 지점을 맴도는 상황이 발생하면 우리는 이제 주의를 다른 곳으로 돌릴 수 없다고 생각하기 시작한다. 그리고 이 같은 생각 때문에 그 지점에서 벗어날 수 있다는 자신감도 잃어버리게 된다. 이렇게 암시는 우리에게 영향을 미쳐 다른 선택을 하지 못하게 만든다. 자신의 의지와는 무관하게 '난 역시 안돼'라는 생각에 굴복하고 마는 것이다.

악에 대해서 무기력하고 무감각한 상태에 빠지는 것은 악령에 들리는 것과 흡사합니다. 실상 악령에 들린 것일 수도 있지만 이런 표현을 사용할 때는 항상 주의를 기울여야 합니다. – 비록 악한 영이 당신을 사로잡은 것처럼 느껴질 때가 있더라도, 절대 악한 영이 영혼을 송두리째 빼앗아 가도록 놔두지 마십시오. – 신약 성경에서 '귀신 들렸다'는 표현은 어떤 개인이 악의 영향력 아래 완전히 사로잡힌 상태를 나타냅니다. 표현을 신중하게 사용하되 오늘날에도 이러한 상태에 놓여있는 사람들이 실재한다는 것을 잊지 말아야 합니다. 모든 것을 심리학과 정신의학으로 설명하는 세상에서 '악령에 들린다'는 개념을 달갑게 여길 사람은 별로 없어 보입니다. 하지만 온갖 종류의 정신질환과 치료법이 발견된 것처럼 보이는 이 시대에도 정신과 치료로 고칠 수 없는 사람들이 얼마나 많이 있습니까! 저는 가끔 예수님께서 환자들로 넘쳐나는 정신 병원에 방문하신다면 어떤 일이 벌어질까 상상해 보곤 합니다. 과연 어느 정도의 환자들이 '귀신 들린' 사람으로 드러날까요? 그분은 얼마나 많은 사람에게 하나님의 손길 외엔 다른 방법이 없다고 진단하실까요?

악한 영에 들렸든 혹은 단순히 괴롭힘을 당하는 것이든 결국 치유책은 한가지입니다. 오직 그리스도만이 그분의 거룩한 영으로 어두움과 슬픔, 두려움을 몰아내실 수 있습니다. 여러분이 이러한 고통에서 어느 정도 벗어났다면, 아직 어둠에 매인 사람들을 각별

한 인내와 사랑으로 대해야 합니다. 그러나 덫에 걸린 것처럼 좀처럼 문제에서 헤어나지 못하는 상황이라면, 그리스도께서 우리 내면의 삶을 이끄시도록 그분께 방향타를 넘겨드리십시오. 여기에서 중요한 것은 무엇이 죄인가 규정하는 것보다 사탄의 교묘한 책략 즉, 신약 성경에서 말하는 어둠의 권세가 실존함을 인정하는 것입니다. 이를 인정할 때 우리는 비로소 승리를 약속하시는 그리스도의 놀라운 말씀에 마음을 열게 됩니다.

"내가 하나님의 영을 힘입어서 귀신을 쫓아내는 것이면,
하나님의 나라는 너희에게 왔다." 마12:28

8. 억눌린 생각

나쁜 생각 중에도 쉽게 뿌리칠 수 있거나, 혹은 짧은 기도로 극복할 수 있는 것이 있는가 하면, 좀처럼 쫓아내기 힘든 것이 있습니다. 악한 생각이 머리에서 떠나지 않아 괴로울 때 우리는 자연스럽게 그런 생각을 억누르려고 합니다. 불쾌한 생각에서 얼른 벗어나기 위해 잠재의식 깊숙이 밀어 넣는 것입니다. 하지만 이런 방식으로는 결코 나쁜 생각에서 벗어날 수 없습니다. 프로이트와 다른 많은 사람이 증명했듯이, 억눌린 생각은 어김없이 다시 떠오릅니다. 물속에 집어넣은 코르크 마개가 손에서 놓이는 동시에 다시 물위로 솟아오르는 것처럼 말입니다. 유일한 대안은 코르크 마개를 건져서 물 밖으로 던지는 것입니다. 마찬가지로 억눌린 생각을 제거하는 가장 효과적인 방법은 그것을 당당하게 직면하고 거절하는 것입니다. 저는 억눌린 생각을 실천에 옮겨 욕구를 풀어줘야 한다는 프로이트의 결론에 절대 동의하지 않습니다. 보두앵은 생각을 억누를 때 생기는 현상을 다음과 같이 비유를 들어 설명합니다.

개울에 떨어진 또는 우리가 던진 나뭇잎은 땅속으로 흘러들어 가는 물과 함께 자취를 감췄다가도 물이 솟아오르는 곳에서 다시 모습을 드러낸다. 땅속에 있는 동안 외부의 방해 없이 지하수에 유유히 떠내려온 것이다. 같은 방식으로, 머릿속에 어떤 생각이 떠오르면 또는 의도적으로 주입되면 그 생각은 무의식 속에서 길건 짧건 어느 정도 잠복기를 거친 후 서서히 영향을 미치기 시작한다.

개울에 떨어진 나뭇잎은 우리의 내면세계를 상징적으로 보여줍니다. 한 번 마음에 품은 좋은 생각이나 이미지는 의식의 흐름 위로 떠오를 때까지 내면에 남아 지속해서 영향을 미칩니다. 악한 생각이나 나쁜 이미지도 마찬가지입니다. 오랜 시간 잠재의식 속에 묻혀있다가도 한순간 다시 떠올라 이전에 우리가 알아차리지 못했던 존재감을 과시합니다. 상담을 하면서 나쁜 생각이나 악한 마음을 품는 것이 너무나 두려운 나머지, 의식 속에 떠오르는 모든 생각을 쉴새 없이 억누르는 사람들을 만나 보았습니다. 심한 경우, 이런 사람들은 나쁜 생각을 하게 될 것을 걱정하는 것만으로도 공황에 빠질 만큼 극심한 긴장 상태로 살아갑니다. 자신의 정신세계를 밤낮 두려워하며 사는 것입니다. 그 누구도 제정신으로 이런 긴장 상태를 오래 버틸 수 없습니다. 머지않아 노이로제의 늪에서 허우적대다가 증세가 악화하여 신경증에 걸리고 말 것입니다. 또는 환청이나 환영을 쫓아버리려고, 혹은 그것들에서 도망치려고, 발버둥치다가 도리어 망상만 키우는 조현병 환자가 될 수도 있습니다. 주변에서 보기 쉬운 비유를 하나 더 들어 보겠습니다. 이런 사람들은 지나치게 부풀린 풍선이 터져버리듯, 언젠가 억눌러왔던 생각들이나 감정들이 한꺼번에 폭발하는 경험을 하게 될 것입니다.

거듭해서 말하지만, 이 문제를 해결할 방법은 오직 한 가지입니다. 어떤 내면의 싸움도 의지력만으로 극복될 수 없다는 점을 받아들여야 합니다. 따라서 일단 긴장을 풀고 마음의 평온을 찾는 것이 중요합니다. 누구나 마음속으로 자신이 진정 무엇을 바라는지 잘 알고 있습니다. 혼란스럽고 비참할 때에도 우리는 이 소망을 붙들어야 합니다. 우리를 사랑하시는 하나님은 우리에게 도움의 손길을 내미십니다. 우리가 의심하며 흔들릴 때도 이 진리는 변함이 없습니다. 그분은 우리가 두려움을 이겨내도록 도우십니다. 또 하나 기억해야 할 사실이 있습니다. 원치 않는 감정을 다른 감정으로 밀어내려고 애쓰지 마십시오. 자신의 감정을 방 청소하듯 정리정돈할 수 있는 사람은 아무도 없습니다. 하지만 여전히 우리는 하나님을 신뢰할 수 있습니다. 내면의 깊은 곳을 살피시는 그분은 우리 마음에 평화를 주십니다.

성령께서도 우리의 약함을 도와주십니다. … 친히 이루 다 말할 수 없는 탄식으로, 우리를 대신하여 간구하여 주십니다. 사람의 마음을 꿰뚫어 보시는 하나님께서는, 성령의 생각이 어떠한지를 아십니다. 성령께서, 하나님의 뜻을 따라, 성도를 대신하여 간구하시기 때문입니다. 롬 8:26-27

9. 믿음

마음의 고통을 치유하는 유일한 방법은 하나님을 믿는 것입니다. 이 해결책이 너무 단순하게 들릴 수도 있습니다. 하지만 믿음을 가질 때만 빛을 경험하고 악에서 해방될 수 있다는 것을 기억하십시오. 은혜처럼 믿음도 설명하기 어려운 신비입니다. 믿음의 능력을 경험하지 못한 사람에게는 뜬구름 잡는 얘기처럼 생각될 수도 있습니다. 믿음은 하나님께서 주시는 선물입니다. 의욕적으로 결심한다고 믿음이 생기는 것도 아닙니다. 믿음은 구하는 사람들은 누구나 받을 수 있는 선물이며, 예수님의 말씀처럼 "찾는 사람마다 찾을" 수 있는 선물입니다. 여기서 중요한 것은 신뢰입니다. 믿음은 어떤 이론이나 신학 체계 또는 지적 설명과 같이 이성에 뿌리를 둔 것이 아닙니다. 믿음은 이성적으로 이해할 수 없을 때도 신뢰하는 것입니다. 자신에게 찾아온 천사를 마리아는 충분히 의심할 수 있었습니다. 하지만 마리아는 "보십시오, 나는 주님의 여종입니다." 하며 신뢰로 하나님의 말씀을 받아들였습니다. 이것이 바로 믿음입니다! 사람들은 대부분 어느 정도의 신앙심을 갖고 있습니다. 그리스도를 안다고 생각하며, 그분을 신뢰할 수 있겠다고 느낍니다. 하지만 우리는 익숙한 두려움과 걱정 때문에 의심하고 머뭇거리곤 합니다. 한 편으로 그리스도를 찾지만 다른 한 편으로는 자신을 열어 그분께 모든 것을 보여드리기를 꺼리고 망설입니다. 그분을 향해 마음 문을 활짝 여십시오. 이것이 바로 믿음으로 가는 첫걸음입니다. 우리가 인정하든 그렇지 않든 하나님의 사랑은 언제나 우리 곁에 있습니다. '팡세'에서 파스칼은 다음과 같이 적고 있습니다. "당신이 하나님을 몰랐다면 그분을 찾지도 않았을 것입니다." 파스칼의 고백을 겸손히 받아들인다면, 우리가 예수님을 사랑하기에 앞서 그분이 먼저 우리를 사랑하셨다는 것을 누구나 시인하게 될 것입니다. 그분은 우리가 미처 깨닫지 못할 때도 우리의 마음속에서 이미 일하고 계십니다. 믿음을 갖는다고 마술처럼 인생이 변화되는 것은 물론 아닙니다. 끊임없이 약점을 찾아내서 우리를 넘어뜨리려고 하는 어둠의 세력이 존재하기 때문입니다. 그리스도께 우리의 죄와 고민만 맡기는 것으로 충분하지 않은 것처럼, 긍정적인 부분만 내어드리는 것도 충분치 않습니다. 그분은 우리의 전부를 원하십니다. 예수님께 자신을 온전히 의탁하지 않는다면 그분이 약속하신 참 자유와 평화를 맛볼 수 없습니다. 그리스도를 믿고 복된 삶을 사는 데 필요한 것이 한 가지 더 있습니다. 그것은 바로 순종입니다. "아들을 믿는 사람에게는 영생이

있다. 아들에게 순종하지 않는 사람은 생명을 얻지 못하고, 도리어 하나님의 진노를 산다."요 3:36

이따금 두려움 때문에, 우리는 무의식적으로 도움을 얻지 못할 것이라는 생각에 사로잡힙니다. 예수님께서 "너희가 인자의 살을 먹지 아니하고, 또 인자의 피를 마시지 아니하면, 너희 속에는 생명이 없다."라고 말씀하셨을 때, 가까이서 그분을 따랐던 많은 사람조차 이해하지 못하고 예수님을 떠났습니다. 하지만 예수님께서 열두 제자에게 "너희까지도 떠나가려 하느냐?" 물으시자, 베드로는 다음과 같이 답했습니다. "주님, 우리가 누구에게로 가겠습니까? 선생님께는 영생의 말씀이 있습니다. 우리는, 선생님이 하나님의 거룩한 분이심을 믿고, 또 알았습니다." 우리에게 이러한 믿음이 있다면, 예수님은 우리를 위해 그 어떤 일도 이루실 수 있는 분이심을 깨닫게 될 것입니다. 이러한 점에서 그리스도의 보혈처럼 중요한 상징은 없다고 생각합니다. 그분의 보혈로 우리를 깨끗하게 하신다는 것은 새로운 가르침이나 도그마가 아니라, 예수님과 인격적으로 사귐을 가질 수 있다는 것, 즉 생명을 의미합니다. "내가 생명의 빵이다. 내게로 오는 사람은 결코 주리지 않을 것이요, 나를 믿는 사람은 다시는 목마르지 않을 것이다."요 6:35 "내가 진정으로 진정으로 너희에게 말한다. 믿는 사람은 영생을 가지고 있다."요 6:47 아무리 앞날이 막막하고 힘겹게 보일 때도 변함없이 우리에게 희망을 주는 예수님의 약속을 요한은 다음과 같이 감동적으로 묘사합니다.

> 명절의 가장 중요한 날인 마지막 날에, 예수께서 일어서서, 큰소리로 말씀하셨다. "목마른 사람은 다 나에게로 와서 마셔라. 나를 믿는 사람은, 성경이 말한 바와 같이, 그의 배에서 생수가 강물처럼 흘러나올 것이다." 요 7:37-38

예수님을 떠나 평화를 찾을 수 없습니다. 예수님의 말씀을 받아들이지 못하고 떠나갔던 수많은 사람처럼 우리가 그분을 외면할지라도, 예수님은 우리를 끝까지 기다리십니다. 믿음이 흔들리고 사방이 어둡게 느껴질 때도 그분은 우리 곁을 지키십니다. 예수님께서 우리를 죄에서 해방하실 때, 그것은 단지 이 땅에서의 삶을 위한 것이 아닌 영원한 삶을 위한 것입니다. 이것이 우리가 우리 자신과 믿지 않는 사람들 그리고 세상 모든 사람을 위해 기도해야 하는 이유입니다.

> "주님, 우리를 도우소서. 우리에겐 주님이 필요합니다. 주님의 살과 영, 주님의 죽음과 생명, 주님의 말씀을 온 세상에 베푸소서."

10. 하나님께 자신을 내드리기

믿음이 하나님의 선물이라는 것을 인정한다면, 그 선물을 기꺼이 받아들일 때만 믿음은 자신의 것이 됩니다. 믿음이라는 선물은 주어지는 대로 받아야 합니다. 믿음에 이르는 과정을 맘대로 바꾸거나, 믿음이 가져오는 삶의 변화를 자기 식대로 조종할 수는 없습니다. 하나님을 믿는 믿음을 가지려면 우리는 반드시 자신의 능력으로 인생을 바꿀 수 있다는 신념을 포기해야 합니다. "하나님의 권능은 약한 자 안에서 완전히 드러납니다."고후 12:9, 공동번역 초대교회 시기의 작가 헤르마스Hermas는 그의 오래된 글 '목자'에서 인간적인 능력을 포기하는 것이 왜 중요한지 생생한 비유를 들어 설명합니다. 하나님나라를 건축 중인 거대한 대리석 성전에 비유하면서 헤르마스는 세상의 모든 사람을 이 건축에 사용될 수 있는 돌과 같다고 얘기합니다. 노련한 석공은 쓸모 있게 보이는 돌들을 다듬어 적합한 곳에 사용하지만, 어디에도 쓸 수 없는 돌들은 결국 버려집니다. 저는 이 비유에 단순하지만 깊은 의미가 담겼다고 생각합니다. 우리가 하나님의 목적에 맞게 기꺼이 다듬어질 때만, 다시 말해 하나님이 원하시는 일을 위해 우리 자신을 온전히 포기할 때만, 그분께 쓰임 받을 수 있습니다.

그렇다면 온전히 자기를 포기한다는 것은 어떤 뜻일까요? 자신보다 더 힘센 사람에게 굴복하는 사람, 더 강력한 군대에 투항하는 군대처럼 우리도 단지 하나님께서 전능하시므로 또는 하나님의 심판이 두려워서 그분께 무릎 꿇을 수 있습니다. 하지만 이것은 참된 의미의 자기 포기가 아닙니다. 하나님은 사랑이시며 그분만 홀로 선하시다는 것을 몸소 체험할 때, 우리는 기꺼이 마음과 영혼, 존재의 전부를 하나님께 드리며 그분을 사랑하는 마음으로 아낌없이 자신을 바칠 수 있습니다. 언젠가 제 아버지에버하르트 아놀드께서 이런 설교를 하셨습니다.

인간적인 능력을 내려놓는다는 것이 어떤 것인지, 어떻게 우리의 능력을 포기하고, 해체하고, 허물어뜨리고, 내던질 수 있는지 설명하기는 어렵습니다. 그런 상태에 쉽게 도달하기도 어려울뿐더러, 한 번의 영웅적인 결단으로 이뤄지는 것도 아닙니다. 오직 하나님께서 하셔야 합니다. 우리가 쇠잔해질 때 은혜가 시작됩니다. 인간적인 능력을 내려놓는 만큼 하나님은 일하시며 성령님을 통해 우리 안에 거룩한 계획을 시작하십니다.

자기 포기는 하나님께서 우리 마음속에 들어오시길 기도하는 것에서부터 시작합니다. 우리의 요청이 없으면 하나님께서 움직이지 못하시거나 반응하지 않으신다는 뜻이 아닙니다. 그분은 우리 스스로 삶을 열어 보이길 기다리시는 것입니다. "보아라, 내가 문밖에 서서, 문을 두드리고 있다. 누구든지 내 음성을 듣고 문을 열면, 나는 그에게로 들어가서 그와 함께 먹고, 그는 나와 함께 먹을 것이다."계 3:20 많은 사람이 하나님께서 그렇게 전능하시다면 왜 억지로라도 그분의 뜻을 따르게 하지 않으시냐고 반문합니다. 간단히 말해, 하나님은 그런 분이 아니십니다. 그분은 자원하는 마음을 원하십니다. 사랑하는 자를 꾸짖고 나무라시며 잘못을 돌이키라고 말씀하시지만 절대로 그분의 선한 뜻을 강요하시지 않습니다. 자식에게 유익한 일이라고 멱살을 쥐어가며 억지로 시키는 아버지가 있다면 아이는 본능적으로 사랑이 아니라고 느낄 것입니다. 하나님께서 우리에게 그분의 뜻을 강제하시지 않는 것도 같은 이유입니다. 따라서 중요한 것은 우리가 자진해서 자신을 하나님께 내어드릴 마음이 있는가 그리고 마음의 창을 열어 하나님의 사랑을 받아들이고 우리 삶을 그분의 선하심에 맡길 준비가 되어있는가입니다.

지금까지 이 책에서 살펴본 내면의 싸움을 생각해 본다면 이러한 자기 포기가 결코 쉬운 일이 아니라는 것을 금방 이해하실 것입니다. 그러나 악한 영이 강한 진을 치고 있는 어둠 속에서도 하나님께 우리를 바치는 일이 불가능한 것은 아닙니다. 자기 뜻을 포기하고 아버지의 뜻에 순종하시기 위해, 예수님도 핏방울 같은 땀을 흘리시며 힘겨운 싸움을 치르셨습니다. 사방이 악으로 둘러싸인 때에도 믿음을 잃지 않고 기도하셨습니다. "내 뜻대로 마시고 아버지의 뜻대로 하소서."마 26:39 우리의 삶도 이와 같아야 합니다. 뜻하지 않은 참사로 인한 죽음과 고통, 사랑하는 사람을 갑작스럽게 떠나 보내는 일과 같이 가혹한 시련이 닥칠 때 우리는 원인을 찾을 수 없어 힘들어 합니다. 우리를 괴롭히는 악한 생각도 마찬가지입니다. 이제 좀 해결됐다 싶으면 또 다른 내면의 싸움이 시작되는 이유를 인간적으로 이해하기란 쉽지 않습니다. 하지만 이런 때에도 유일한 해결책은 오직 예수님께 우리 자신을 내어드리는 것입니다. 살면서 고난의 시간을 피해갈 수는 없습니다. 어떤 사람들에겐 고난의 시간이 끝이 없는 터널처럼 느껴질 수도 있습니다. 그러나 하나님께서 결국 승리하신다는 사실을 잊지 마십시오.

"이전의 하늘과 땅은 사라지고 곧 새 하늘과 새 땅이 시작될 것입니다." 계21:1~8

11. 죄 고백

마태복음 6장22~24절에서 예수님은 우리에게 두 주인을 섬기면 어둠 속에서 살아갈 수밖에 없다고 말씀하십니다. 그렇다면 우리는 어떻게 한결같은 마음을 품고 빛 가운데 살 수 있을까요? 무엇보다 우리의 마음이 깨끗한지, 고백하지 않은 죄 때문에 양심에 걸리는 것은 없는지 살펴야 합니다. 죄를 숨긴 채 무거운 마음으로 살아가면서 참된 자유와 기쁨을 경험하길 기대할 순 없습니다. 몸의 등불인 눈이 여전히 병든 상태로 남아 결국 온몸이 어둠에 잠길 것입니다. '죄 고백'은 마음의 짐을 벗기 위해 다른 누군가에게 자신의 죄를 털어놓는 것입니다. 쉽게 들려도 막상 실천에 옮기려면 절대 쉽지 않은 것이 죄 고백입니다. 보두앵의 말을 빌리자면, "불행을 자초했다는 자각은 어떤 면에서 우리를 초라하게 만들기 때문에 우리는 좀처럼 그 사실을 인정하려 들지 않습니다." 하지만 "불행을 초래한 것이 다름 아닌 자기 자신이기에, 자신의 잘못을 에누리 없이 인정하지 않고서 진정한 회복을 경험하긴 어렵습니

다.""서로 죄를 고백하라"는 야고보서의 명백한 권면이 무색하게
도 오늘날 많은 그리스도인은 죄 고백이 정말로 필요한 것인지 의
문을 제기합니다.

어떤 사람들은 죄 고백이 너무 가톨릭적인 것이라고 말하며 필
요성을 부인합니다. 또 어떤 사람들은 중요한 것은 하나님과의 개
인적인 관계이기 때문에 그분께 고백하는 것으로 충분하다고 말합
니다. 하지만 하나님은 이미 우리의 죄를 알고 계시다는 것^{히 4:13}
을 생각해 본다면 이런 주장은 그다지 설득력이 없습니다. 단지 자
신의 죄를 인식하는 데 그치지 않고 다른 사람에게 죄를 고백하지
않는다면 절대 마음의 짐을 벗을 수 없습니다. 양심의 가책을 느낄
때, 사람들은 대체로 자기가 어떤 죄를 범했는지 알고 있습니다.
이런 경우 반드시 그 죄를 고백해야 합니다. 보두앵의 표현처럼
"에누리 없이" 털어놓지 않으면 깨끗한 양심을 가질 수 없습니다.
특별히 생각나는 죄가 없는데도 악한 영의 유혹을 당해 넘어갔거
나 부적절한 일을 저질렀다고 느낄 때도 있습니다. 이러한 느낌이
사라지지 않으면 이 또한 고백해야 합니다. 잠재의식 속에 있는 사
소한 것들을 전부 드러내야 한다는 뜻은 아닙니다. 하나님께서 우
리의 양심에 어떤 것이 잘못되었다고 말씀하실 때 용서받을 수 있
도록, 그 잘못을 시인하면 됩니다. 마음의 짐을 없애려고 죄를 고
백하는 것이지 자신에 대한 걱정을 추가하려는 게 아닙니다.

우리가 바라보고자 하는 것은 자기 자신이 아니라 예수님이라는 것을 기억합시다. 믿음과 선한 양심은 떨어질 수 없는 관계입니다. 양심의 소리에 귀 기울이지 않으면 믿음을 잃습니다. 반대로 믿음이 없다면 원천적으로 깨끗한 양심을 가질 기회를 얻지 못합니다. 이러한 이유로 사도 바울은 믿지 않는 자들의 양심을 깨끗지 않다고 했습니다. 양심을 지탱해 주는 유일한 버팀목이 믿음이라는 점을 상기해 본다면 이는 결코 틀린 말이 아닙니다. 또 한 가지 분명한 점은 신뢰하고 사랑하는 사람에게 죄를 고백할 때, 새로운 끈이 관계를 묶어 준다는 사실입니다. 복음서에서 공동체에 대해 강조하셨던 예수님의 말씀들은 그분이 이러한 관계를 얼마나 중요하게 생각하시는지 잘 보여줍니다. 분명 예수님은 두세 사람이 그분의 이름으로 모이는 곳에 함께 하시겠다고 약속하셨습니다. 저는 이러한 모임이 '공동체'를 의미한다고 생각합니다. 일과 밥상을 공유하는 것, 한자리에 모여 기도하는 것, 배우자 또는 친구와 책을 읽고 묵상하는 것도 모두 공동체입니다. 함께 할 때, 죄를 방어할 힘이 생긴다는 점을 잊지 맙시다. 고립된 영혼은 위험에 빠지기 쉽습니다.

죄를 고백한다고 문제가 다 해결되는 것은 아닙니다. 정신과 상담에 비싼 돈을 치르면서 죄와 고민을 털어놓으면, 의사는 심란한 양심을 다독이기 위해 별의별 심리치료를 시도합니다. 하지만 죄를 아파하는 마음 없이 고백하는 것은 쓰레기를 한 곳에서 다른 곳으로 옮기는 것과 같이, 근본적인 해결책이 되지 못합니다. 잘못을 깊이 후회하고 다시는 같은 잘못을 되풀이하지 않겠다고 다짐하며 돌이킬 때, 고백은 기쁨이 됩니다. 자신의 죄를 가렸던 베일을 걷어 올리는 순간, 비밀이라는 마력은 그 힘을 잃습니다. 저는 죄를 고백할 때 사람들이 얼마나 순식간에 변하는지 자주 목격했습니다. 죄 짐에 실제로 짓눌린 듯 축 처진 어깨로 찾아와 내적 고통을 호소하던 그들은 가슴 깊이 숨겨 온 이야기를 몽땅 털어놓고서 아이처럼 가벼운 발걸음으로 돌아갔습니다. 본회퍼는 이런 변화가 단순한 감정의 변화가 아닌 영원한 변화라고 강조하며 다음과 같이 주옥같은 말을 남겼습니다.

> 죄를 낱낱이 고백할 때, 우리의 옛사람은 형제 앞에서 괴롭고 수치스러운 죽음을 맞이한다. 이 수치감을 견디지 못해, 우리는 끊임없이 고백을 회피할 방법을 찾는다. 그러나 이 '수치'라는 정신적, 육체적 고통을 형제 앞에서 뼈저리게 느낄 때야, 비로소 십자가의 구원을 경험하게 된다. 옛사람은 죽었지만 하나님은 승리하셨다. 이제 우리는 그리스도의 부활과 영원한 생명에 참여하게 되었다.

12. 최상의 무기, 기도

마태복음에서 요한계시록까지 신약성서의 기자들은 영적 싸움에서 가장 좋은 무기는 기도라고 수없이 언급합니다. 가장 좋은 예로 에베소서 6장을 들 수 있습니다.

> 여러분은 주님 안에서 그분의 힘찬 능력으로 굳세게 되십시오. 악마의 간계에 맞설 수 있도록, 하나님이 주시는 온몸을 덮는 갑옷을 입으십시오. 우리의 싸움은 인간을 적대자로 상대하는 것이 아니라, 통치자들과 권세자들과 이 어두운 세계의 지배자들과 하늘에 있는 악한 영들을 상대로 하는 것입니다. 그러므로 하나님이 주시는 무기로 완전히 무장하십시오. 그래야만 여러분이 악한 날에 이 적대자들을 대항할 수 있으며 모든 일을 끝낸 뒤에 설 수 있을 것입니다. 그러므로 여러분은 진리의 허리띠로 허리를 동이고 정의의 가슴막이로 가슴을 가리고 버티어 서십시오. 발에

는 평화의 복음을 전할 차비를 하십시오. 이 모든 것에 더하여 믿음의 방패를 손에 드십시오. 그것으로써 여러분은 악한 자가 쏘는 모든 불화살을 막아 꺼버릴 수 있을 것입니다. 그리고 구원의 투구를 받고 성령의 검 곧 하나님의 말씀을 받으십시오. 온갖 기도와 간구로 언제나 성령 안에서 기도하십시오. 엡 6:10-18

예수님께서 어떻게 기도해야 하는지 가르치신 마태복음 6장 6절도 눈여겨볼 말씀입니다. 그분은 "기도할 때 골방에 들어가 문을 닫고 보이지 않게 기도하여라. 그러면 은밀히 보시는 하나님께서 갚아주실 것이다."라고 가르치십니다. 저는 이 말씀의 방점이 '은밀함'보다는 '겸손함'에 있다고 생각합니다. 바리새인처럼 남들 앞에서 경건을 과시하거나, 긴 기도문을 낭송하지 말라고 경고하시는 것입니다. 이처럼 기도에 대해 확신을 주는 말씀들이 있음에도, 죄의 문제로 힘겹게 씨름하다 보면 기도 생활이 무의미하게 느껴질 때가 있습니다. 수년 전 저는 한 남성을 상담했습니다. 그는 자신을 괴롭히는 특정한 죄에서 벗어나기를 갈망하면서도, 좀처럼 마음의 평안을 찾지 못했습니다. 몇 시간씩 뜨겁게 기도해도 별 도움이 되지 않으면, 그는 자신 안에 미처 모르고 있는 일말의 저항심마저도 없애달라고 예수님께 간청했습니다. 기도할수록 더 혼란스럽고 더 절망적으로 변해간 그는 곧 하나님께서 자신의 기도를 기뻐하시지 않는다고 느끼기 시작했습니다. 이런 사람들을 어떻게 도울 수 있을까요? 여러 가지 방법을 시도해볼 수 있겠지만 이런 경우에는 보편적으로 적용해 볼 수 있는 한 가지 원리가 있습니다. 하나님께서 우리의 기도에 응답하시지 않는다고 느껴질 때, 우리는 그분이 반응하시지 않는 것이 아니라 자신이 불신하는 것은 아닌지 돌아봐야 합니다. 하나님의 능력을 의심하는 생각이 자기암시를 통해 마음속에 자리 잡기 시작하면, 아무리 몸부림쳐도 늪에 빠진 것처럼 무기력해질 뿐입니다. 이럴 때는 몸부림을 멈추고 하나님의 음성에 귀 기울여야 합니다.

우리는 지나치게 자신이 바라는 것만을 위해 기도하다가, 하나님께서 지금 우리에게 원하시는 것이 무엇인지 묻는 것을 자주 잊습니다. "마음이 가난한 자는 복이 있다."마 5:3 고 말씀하신 예수님의 오묘한 진리를 간과하는 것입니다. 영적 가난은 마음을 비우고 침묵하며 정직하고 겸손한 것을 뜻합니다. 감정적으로 동요되어 긴장하거나 혼란스러워하는 것과는 상관이 없습니다. 하나님께 잘 보이려고 꾸미기보다 있는 모습가난하고 비참한 죄인의 모습 그대로 그분 앞에 나아가는 것이 바로 영적 가난입니다. 우리의 마음을 훤히 아시는 하나님께 겉으로 나은 모습을 보이려고 노력하는 것은 별 소용이 없을뿐더러 참으로 어리석기까지 한 일입니다. 하나님께서 우리에게 원하시는 모습을 억지로 상상해 보는 것이나, 경건한 마음 상태를 가지면 그분이 기도를 더 잘 들어주실 것이라고 기대하는 것 역시 지혜롭지 못한 태도입니다.

> 아무것도 염려하지 말고, 모든 일을 오직 기도와 간구로 하고, 여러분이 바라는 것을 감사하는 마음으로 하나님께 아뢰십시오. 그리하면 사람의 헤아림을 뛰어넘는 하나님의 평화가 여러분의 마음과 생각을 그리스도 예수 안에서 지켜 줄 것입니다. 빌 4:6-7

하나님은 진실한 기도에 어김없이 응답하십니다. 비록 응답이 즉각적이지 않을 수도 있습니다. 이스라엘의 죄를 용서해달라고 정성껏 기도했던 다니엘도 3주 동안 아무런 응답을 받지 못했습니다. 그리고 환상 가운데 나타난 한 천사로부터 다음과 같은 말을 들었습니다.

> 다니엘아, 두려워하지 말아라. 네가 깨달음을 얻기 위해 네 하나님 앞에서 자신을 낮추려고 결심한 첫날부터 하나님은 네 기도를 들으셨다. 그래서 내가 네 기도의 응답으로 여기까지 왔다. 페르시아 제국을 지배하고 있는 강한 악령이 21일 동안 내 길을 막았으나 천사장 중의 하나인 미가엘이 와서 나를 도와주었으므로…. 단 10:12-13, 현대인의성경

어둠의 영이 다니엘에게 답을 가져오는 천사를 중간에서 막았을 뿐이지, 하나님은 처음부터 그의 기도를 듣고 계셨습니다. 십자가의 승리에도 불구하고 어둠의 잔당들은 지금도 우리에게 훼방을 놓습니다. 다니엘의 기도처럼 우리의 기도도 바로 응답받지 못할 수 있습니다. 하지만 하나님은 여전히 우리의 기도를 듣고 계십니다. 이 믿음에서 흔들리지 마십시오.

13. 고요한 마음

내면의 문제로 고통스러운 시간을 보낼 때 가슴 속 깊이 하나님에 대한 갈증을 느낀다면, 그것은 하나님께서 여전히 우리 곁에 계시다는 표시입니다. 사실은 내면의 싸움을 경험하는 자체가 하나님께서 가까이 계시다는 의미입니다. 당장은 하나님께 순종할 여력이 없다고 느낄 수 있습니다. 그러나 양심을 통해 말씀하시는 하나님의 음성에 귀 기울이는 한, 우리는 그 말씀을 의지해 언젠가 그분이 내면의 싸움에서 우리를 건져내실 것을 확신할 수 있습니다. 모든 사람의 마음속엔 하나님이 계십니다. 우리 모두 '그분의 형상'을 따라 지어졌기 때문입니다. 어린아이와 같은 믿음으로 이 사실을 받아들인다면, 우리를 어둠에서 빛으로 이끌어 자유롭게 하는 내면의 소리가 다름 아닌 하나님의 음성인 것을 쉽게 인식할 것입니다. 그렇다면 우리는 어떻게 주의를 산만하게 하는 소음에서 벗어나, 고요함 가운데 하나님의 음성을 들을 수 있을까요? 이 질문에 대한 답을 제 아버지는 시로써 다음과 같이 표현하셨습니다.

> "내 안의 있는 것을 다 쏟아내 주님을 침묵 가운데 기다리
> 게 하소서."

　13세기 독일의 신비주의자 에크하르트가 '고요함'이라고 불렀던 이 '침묵'은 모든 그리스도인의 삶에 없어서는 안 될 요소입니다. 고요한 마음을 가지려면 우선 일상의 긴장에서 벗어나야 합니다. 일과 여과, 개인적인 걱정을 잊고, 뉴스나 스포츠를 멀리하고, 먹고 사는 문제에 대한 고민과 내일을 위한 계획으로 분주한 마음을 내려놓아야 합니다. 하나님께서 우리 마음 가운데 행하시는 일을 지켜볼 수 있도록 잠잠히 그분 앞에 나아가는 것이 바로 침묵입니다. 4장에서 언급했던 '움츠러든 의지'도 내려놓아야 할 대상입니다. 그래야 내면의 깊숙한 곳에서 들리는 소리를 잡음 없이 선명하게 들을 수 있습니다. '움츠러든 의지'를 내려놓는다는 것은 곧 돈에 대한 집착과 음란함, 악한 마음을 버리는 것을 의미합니다. 속이고, 불신하고, 미워하는 일을 그치고 하나님과 어울릴 수 없는 이방 신을 모조리 제거해야 합니다. 저는 여기서 잠재의식의 중요성을 재차 강조하고 싶습니다. 악한 영에 공격의 빌미를 제공하는 곳이 주로 잠재의식이기 때문입니다. 이 점을 염두에 둔다면 잠자리에 들기 전 고요한 시간을 갖는 것이 왜 그토록 중요한지 금세

이해할 수 있을 것입니다. 자기 전 마음에 자리 잡은 생각은 밤새 도록 우리 영혼에 영향을 미칩니다.

아무리 노력해도 진정한 고요함에 이르지 못했던 경험이 누구에게나 있을 것입니다. 그렇다고 자신을 의심하거나 걱정할 필요는 없습니다. 자신의 연약함만 계속 들여다보고 있으면, 내적 싸움에서 헤어나오지도 못할뿐더러 아예 긍정적인 경험을 할 수 없게됩니다. 제가 상담했던 사람 중에도 이와 같은 사람들이 있었습니다. 그들은 지나치게 자기 자신을 살피느라 잠시도 긴장을 풀지 못한 나머지, 하나님의 음성을 전혀 듣지 못했습니다. 진정으로 하나님의 도움을 바란다면 우리가 바라봐야 할 대상은 하나님이지 자기 자신이 아닙니다. 다음은 에크하르트의 말입니다.

자신의 의지를 포기할 때 우리는 진정한 인간이 된다. 자기 의지를 포기할 수 있는 의지가 참된 의미의 의지다. 이런 의지를 가진 사람은 하나님의 뜻을 발견하고 더는 자기 뜻에 얽매이지 않는다. 하나님의 뜻을 따름으로써 자기 뜻과 거룩한 하나님의 뜻을 일치시킬 때, 인간의 의지는 마침내 마지막 조각을 맞춰 완성된다. 천사가 마리아에게 찾아왔을 때, 마리아가 성모가 될 수 있었던 것은 과거의 어떤 행적 때문이 아니었다. 자신의 의지를 포기한 그 순간,

마리아는 영원한 말씀이신 예수님을 잉태했다. 하나님은 당신의 뜻이 아닌 다른 것을 구하는 영혼에 결코 성령을 허락하신 적이 없다. 앞으로도 그런 일은 없을 것이다. 하나님은 오직 그분의 뜻을 구하는 곳에 성령을 보내신다. 참된 의미의 고요함은 하나님의 뜻을 구하는 것이다. 성령이 우리에게 임하면 어떤 일좋은 일, 궂은일, 명예로운 일이나 수치스러운 일 심지어 모략을 당해도 바람에 흔들림 없는 높은 산처럼 변함없이 평정을 유지한다. 의로운 사람은 하나님의 뜻에 굶주리고 목말라하는 사람이다. 이런 사람은 그분의 뜻을 너무나 사랑한 나머지 하나님께서 원하시는 것 외에 다른 것을 욕망하지 않는다. 하나님의 뜻을 기뻐하는 사람은 어떤 상황에서도 천국을 사는 것처럼 행복하다. 그러나 하나님의 뜻과 다른 것을 욕망하는 사람은 그에 따른 결과를 감수해야 한다. 그 같은 사람은 비참하고 괴로운 인생을 살 것이다. 사람들에게 깊은 상처를 입고 고통스러운 길을 가게 될 것이다. 밤낮으로 "주여, 주님의 뜻을 이루소서."라고 기도하지만, 막상 하나님의 뜻이 이뤄지면 화를 내며 조금도 기뻐하지 않는다. 우리가 원하는 것을 내세우고 그것이 하나님의 뜻과 일치할 때는 괜찮다. 하지만 우리의 뜻을 내세우기보다 하나님이 원하시는 것을 우리의 뜻으로 받아들인다면 우리의 삶은 얼마나 복될까! 병석에

누워서 하나님의 뜻을 거스르고 싶은 사람은 없을 것이다. 그런데도 여전히 하나님의 뜻이 당신의 건강이 회복되는 것이기를 바랄 수 있다. 병이 악화하여도 그러한 희망이 사라지지 않을 수 있다. 하지만 하나님의 뜻이 당신의 뜻이 되면, 아무리 아파도 하나님께 영광이 될 것이다! 가까운 친구를 잃어도 하나님을 여전히 신뢰할 것이다! 하나님의 은혜를 힘입어, 자기 뜻을 온전히 주의 손에 맡기는 사람은 간절한 기도 외에 아무것도 필요로 하지 않는다. "주여, 주님의 뜻을 보이시고 제게 순종할 힘을 주소서!" 그때 하나님은 틀림없이 그 기도를 들어주시며 모자람 없이 차고 넘치게 채우실 것이다. 하나님께서 가장 기뻐하시는 선물은 고요한 마음이다. 하나님은 우리가 밤을 새우며 기도하고 금식하는 것보다 고요한 시간을 갖기를 더 바라신다. 그분에게 고요한 마음을 드리면 그것으로 충분하다.

심각한 유혹에 시달려 어쩔 줄 모를 때는 마음이 결코 빈 곳일 수 없다는 점을 기억하십시오. 마음에서 지운 것은 반드시 다른 것으로 채워 넣어야 합니다. 우리를 산만하게 하는 것을 내려놓는 데 그치지 말고 마음의 눈과 귀를 오직 예수님께로 향해야 합니다. 자기 자신을 잊고 시선을 바깥으로 돌릴수록, 하나님께서 우리의 내면을 회복하시고 자유롭게 하실 수 있습니다. 빌립보서에서 바울은 다음과 같이 조언합니다.

> 형제자매 여러분, 무엇이든지 참된 것과, 무엇이든지 경건
> 한 것과, 무엇이든지 옳은 것과, 무엇이든 순결한 것과, 무
> 엇이든 사랑스러운 것과, 무엇이든지 명예로운 것과, 또
> 덕이 되고 칭찬할 만한 것이면, 이 모든 것을 생각하십시
> 오.… 그리하면 평화의 하나님께서 여러분과 함께하실 것
> 입니다. 빌 4:8-9

우리의 영혼이 이 평화를 발견하여 내면의 싸움을 일으키는 영
적 세력들로부터 자유로워질 때, 어떤 것, 심지어 자기 안의 갈망
으로부터도 아무런 압박을 받지 않을 때, 우리는 하나님의 음성을
들을 수 있습니다.

14. 회개하고 다시 태어나다

앞에서 우리는 자기 포기와 죄 고백, 기도와 고요한 시간이 왜 중요한지 살펴보았습니다. 이제 이런 주제들을 뒤로하고, 가장 중요한 질문이 하나 남아있습니다. 우리는 어떻게 마음속의 죄를 완전히 끊어버리고 "다시 태어날" 수 있을까요? 신약성경에 따르면 그 답은 회개에 있습니다. 죄를 인정할 뿐 아니라 가슴 깊이 후회하고 진정으로 아파할 때, 비로소 우리는 죄의 영향력으로부터 완전히 벗어날 수 있습니다. 오늘날 많은 그리스도인에게 회개는 그리 반가운 주제가 아닙니다. 회개해야 할 상황에 부딪히면 누구나 당혹해하며 창피해하기 마련입니다. 자신을 죄인으로 취급하고 싶은 사람은 아무도 없습니다. 선한 그리스도인으로 보이는 것이 훨씬 더 매력적입니다. 하지만 사복음서 모두 그리스도께서 의인이 아닌 죄인을 위해 오셨다고 분명히 말하고 있지 않습니까? 우리를 그리스도께로 인도하는 것은 인간적인 선함이 아니라 겸허하고 가난한 마음이라고 복음서는 가르칩니다. 사도 바울이 자신을 "죄인

중에서 가장 큰 죄인"딤전 1:15이라고 표현했을 때 그것은 단순한 종교적 수사가 아니었습니다. 바울은 진심으로 그렇게 느꼈습니다. 그는 교회를 박해하고 수많은 신도를 처형했습니다. 자신이 하나님의 적이었다는 것을 바울은 잘 알고 있었습니다. 성령강림절에 예루살렘에 있었던 사람들도 바울처럼 자신을 죄인으로 인식했습니다. 성령을 받을 만한 가치가 눈곱만치도 없다고 생각한 그들은, "마음이 찔려"행 2:37 자신이 그리스도를 죽인 살인자라고 고백했습니다. 이것이 바로 하나님께서 그들을 사용하실 수 있었던 이유입니다. 하나님께 쓰임 받고자 한다면 우리 역시 죄인임을 인정해야 합니다. 가장 신임받던 제자 베드로도 겸손히 자신의 잘못을 인정했습니다. 예수님을 부인한 후 그는 바깥으로 나가 "비통하게 울었습니다."눅 22:62 자신의 죄를 위해 비통하게 우는 것 외에 우리가 할 수 있는 일은 아무것도 없습니다. 회개는 결코 쉬운 일이 아닙니다. 고통스러운 내적 싸움을 동반합니다. 그러나 가장 어둡고 괴로운 자기반성의 시간 속에서도 우리에게 위로를 주는 것이 한 가지 있습니다. 그것은 예수님께서 죄가 없으셨음에도 불구하고 우리보다 먼저 이처럼 고통스러운 순간을 거치셨다는 사실입니다. 히브리서는 다음과 같이 전합니다.

> 예수께서 육신으로 세상에 계실 때에, 자기를 죽음에서 구
> 원하실 수 있는 분께 큰 부르짖음과 많은 눈물로써 기도

와 탄원을 올리셨습니다. 하나님께서는 예수의 경외심을 보시어서, 그 간구를 들어주셨습니다. 그는 아드님이시지만, 고난을 당하심으로써 순종을 배우셨습니다. 그리고 완전하게 되신 뒤에, 자기에게 순종하는 모든 사람에게 영원한 구원의 근원이 되시고… 히 5:7-9

우리 중 어떤 사람이 눈물과 통곡으로 기도할 만큼 죄의 문제를 심각하게 받아들입니까? 단언컨대 예수님처럼 죄와 맞서 싸운 사람은 아무도 없습니다. 사탄의 모든 화살은 그분의 심장을 향했습니다. 세상 누구보다 치열하게 싸우셨기에, 예수님은 우리의 내적 싸움을 잘 이해하십니다. 이는 누구나 신뢰할 만한 사실입니다. 우리의 싸움은 앞으로도 계속될 것입니다. 이러한 이유로 예수님은 "나를 따라오려거든 자기 십자가를 지고 따르라고"마16:24 말씀하셨습니다. 회개는 자학이 아닙니다. 회개가 우리 삶을 송두리째 뒤집어 놓기도 합니다. 사실은 그래야 마땅합니다. 우리 삶을 지탱해주던 기초가 완전히 사라져버린 것처럼 느껴질 수도 있습니다. 하지만 그때에도 절망하거나 암담하다고 느낄 필요가 없습니다.

하나님의 심판은 선하십니다. 그분의 사랑과 자비를 떠나서 하나님의 심판을 말하는 것은 불가능합니다. 회개의 목적은 하나님께서 우리를 깨끗게 하시고 새롭게 하실 수 있도록 우리 마음에서 그분을 대적하는 모든 것을 제거하는 것입니다. 하나님께서 우리 마음을 그리스도로 채우실 수 있도록 말입니다. 한 사람이 진정한 회개를 경험하는 것은 기적 같은 일입니다. 돌 같은 마음이 살처럼 부드러워지고 감정과 생각, 느낌이 모조리 변화됩니다. 하나님께서 영혼의 중심에 다가오시기 때문에 삶의 관점이 완전히 바뀝니다. 안타깝게도, 많은 그리스도인이 회개와 거듭남에 대해 거부반응을 보입니다. 거부감을 가지고 있지 않은 사람일지라도 굳이 회개하려 하지 않기에, 회개가 주는 축복을 경험하지 못합니다. 이들은 살아가면서 죄를 인식하고 그것을 극복해 보려고 나름 노력해 보기도 하지만 매번 실패하고 맙니다. 덫에 걸린 느낌을 마음에서 지우지 못하면서도, 죄를 단지 "자연스러운" 것이나 극복할 수 없는 연약함으로 받아들이고 스스로 포기합니다.

저는 이런 사람들이 불쌍하기도 하지만, 다른 한편으로는 그들의 변명이 아주 궁색하다고 생각합니다. 자신이 용서받지 못할 큰 죄인이라고 강변한다면, 즉 그리스도께서 자신을 도울 수 있다는 것을 의심한다면 우리는 은혜와 성령이 우리 마음에 들어오는 것을 스스로 가로막고 있는 것입니다. 사실상 부활의 승리를 의심하고 있는 것입니다. 이러한 의심을 철저히 몰아내십시오. 그리스도의 능력은 온 세상의 죄를 짊어지시고도 요일 2:2 죽음을 이기셨다는 사실에 있습니다. 그리스도는 언제나 우리를 기다리십니다. 성령님도 마찬가지입니다. 영혼이 부르짖을 때마다 하나님은 응답하십니다. 그리스도가 자신을 "변호자"라고 하신 데에는 다 이유가 있습니다. 그분처럼 죄인을 사랑하고 불쌍히 여기시는 분은 세상에 없습니다. 예수님은 약속하셨습니다. "구하는 사람마다 얻을 것이요… 문을 두드리는 사람에게 열어주실 것이다."마 7:7-8 이 약속은 모든 사람을 향한 약속입니다. "난 너무 연약해." 또는 "변하고 싶어도 변할 수 없어."라고 말하며 죄 뒤에 숨어 살아서는 안 됩니다. 이런 변명들이 더는 설 자리가 없습니다.

거듭남과 새 삶에 숨겨진 비밀 중 하나는 그것이 은혜라는 사실입니다. 니고데모와 예수님의 대화요 3:1~15는 거듭남은 설명될 수 없고 오직 경험되는 것임을 보여줍니다. 다시 태어난다는 것이 옛 사람이 변하여 완전히 새사람이 된다는 것임을 우리는 잘 알고 있습니다. 하지만 예수님은 어떤 논리적 근거나 설명을 덧붙이시지 않습니다. 그분은 단도직입적으로 "너는 다시 태어나야 한다."라고 말씀하십니다. 따라서 우리가 할 일은 오직 하나님께서 우리에게 새 삶을 주시고자 한다는 것을 믿는 것뿐입니다. 은혜란 그리스도께서 그분을 찾는 모든 사람에게 주시는 신비로운 선물입니다. 그것은 거듭남과 완전한 새 삶으로 들어가는 문을 열어주는 열쇠입니다. 은혜는 어떤 공로나 선행 때문에 주어지는 것이 아닙니다. 인간적으로 볼 때 받을 만한 가치가 조금도 없는 사람에게도 은혜는 찾아옵니다. 바울이 얘기했듯이, "우리에게 거저 주신 영광스런 은혜로… 우리는 이 아들 안에서 하나님의 풍성한 은혜를 따라 그의 피로 구속 곧 죄 용서를 받게 되었습니다."엡 1:6-7 더 나아가 바울은 "은혜를 힘입어 우리는 더 이상 육신을 따라 살 필요가 없다."롬 8:12고 말합니다. 그야말로 파격적인 선언입니다. 어느 누가 육적인 본성이 자신에게서 사라졌다고 선포할 수 있겠습니까? 이 질문에 대한 답 역시 분명합니다. 성령의 능력에 우리 자신을 맡기고 회개하며 우리 삶을 그리스도께 헌신할 때 그 같은 일이 가능합니다. 비록 죽을 때까지 사라지지 않고 우리를 괴롭히는 어떤 연약함이 있을지라도, 우리의 전 존재가 "예수님, 제가 주님께 갑니다. 어떤 어려움이 있어도 주님을 따르겠습니다."라고 고백하며 모든 것을 그분께 맡긴다면, 우리는 죄에 대한 승리를 확신할 수 있습니다.

> "그리스도 예수 안에 있는 사람들은 정죄를 받지 않습니다. 그것은, 그리스도 예수 안에서 생명을 누리게 하는 성령의 법이 당신을 죄와 죽음의 법에서 해방하여 주었기 때문입니다." 롬 8:1-2

15. 치유

전반부에서 우리는 죄와 씨름할 때 어떻게 악이 종종 우리를 불구 상태로 만드는지 살펴보았습니다. 옳은 일을 하겠다고 다부지게 결단했을 때조차, 암시나 자기 암시는 내적 싸움을 더 복잡하게 만들어 우리를 혼란에 빠뜨리고 굳은 결심을 흔들어 놓습니다. 심지어 우리를 완전히 압도해 무기력증에 빠뜨리기도 합니다. '병든 영혼'geisteskrank이라는 독일 말은 바로 이런 상태를 가리킵니다. 다른 질병들과 마찬가지로 영혼의 병도 회복하는 데 시간이 걸립니다. 영혼을 위한 적절한 양식과 돌봄, 다른 사람들의 격려와 도움과 같은 '약'들도 필요합니다. 하지만 궁극적인 치유책은 바로 예수님에게 있습니다. 13살에 바르트부르크성독일 중부 지방에 있었던 우리 집에서 80km 정도 떨어진 곳을 방문했을 때, 부모님은 제게 마틴 루터가 독일어로 성경을 번역하던 서재를 보여주셨습니다. 서재의 한쪽 벽에 큼지막한 잉크 얼룩이 있었습니다. 부모님은 루터가 자신을 유혹하던 사탄을 향해 잉크병을 던졌던 일화를 말씀해 주셨습니다. 그 이야기에 강렬한 인상을 받은 저는 순진하게도 '진짜 용감한 사람은 저렇게 마귀를 쫓아내는구나.' 생각하며 서재에서 발길을 돌렸습니다. 물론 지금은 온 세상에 있는 잉크병을 다 쓴다고 해도 결코 악을 몰아낼 수 없다는 것을 잘 압니다. 잉크병으로 해결될 문제라면, 마음먹기에 따라 언제든 내면의 악을 없앨 수 있을 것입니다. 하지만 잘 알고 있듯이 현실은 절대 그렇지 않습니다. 오직 예수님만이 우리를 치유하시고 우리의 마음을 새롭게 하십니다. 자신의 피로 우리를 살리시기 위해 예수님은 이 땅에 오셨습니다. 아무리 상처받은 영혼도 주님 손에 위로받지 못하고 치유되지 못할 영혼은 없습니다. "양심과 양심의 회복"이라는 글에서 저희 아버지 에버하르트 아놀드는 다음과 같이 적고 있습니다.

예수는 하나님께로 가는 길이다. 예수의 아버지, 하나님 이외에 다른 신은 존재하지 않는다. 우리가 어디에서 하나님을 찾든, 그분을 발견하는 곳은 항상 예수이다. 그 앞에 우리의 모든 짐을 내려놓지 않고 만물의 아버지, 하나님을 찾기란 불가능하다. 예수님은 우리에게 하나님의 자녀가 될 기회를 주신다. 죄를 용서받지 않고 하나님께 나아갈 수 있는 사람은 아무도 없다. 예수는 우리의 죄를 위해 그의 생명—그의 몸과 영혼과 피—를 희생하심으로써 우리에게 하나님께 가는 길을 열어주셨다. 형제를 참소하는 자

사탄은 침묵하고, 양심도 더는 우리를 비난하지 못한다. 살해당한 아벨의 피마저 잠잠해진다. 사람의 아들, 우리의 새 형제 예수의 보혈이 더 크게 부르짖기 때문이다. 예수는 죄를 용서하고 해방을 선포하는 새 지도자요 인류의 대표가 되신다. 아벨과 같이 살해당한 그는 죄가 없으면서도 자신을 죄인과 동일시함으로써, 살해자들을 비난하는 대신 오히려 변호한다. 그는 죄인의 형제가 된 유일무이한 존재다. 사람의 아들이신 예수가 죄인들을 위한다면 누가 감히 그들을 정죄할 수 있단 말인가. 이제 그 어떤 고발로도 죄인이 하나님께 나아가는 것을 막을 수 없게 되었다.

마지막 문장에 있는 "하나님께 나아간다"는 구절은 의미심장한 표현입니다. 우리가 어떻게 해야 치유를 경험할 수 있는지 말해주고 있기 때문입니다. 어떤 사람은 조용히 손을 들고 기도하며 하나님을 찾을 수 있습니다. 또 어떤 이는 마치 하나님을 향해 달려가듯, 적극적으로 그분께 나아갈 수도 있습니다. 분명한 점은 예수님이 오셔서 마법같이 우리를 고쳐주시기만을 가만히 앉아 기다려서는 안 된다는 것입니다. 그보다 더 능동적인 자세를 취해야 합니다. 창조의 새벽에 하나님께서 인간에게 불어넣으셨던 생명의 영은 그분을 가까이하고 이웃을 사랑할 때만 우리 안에 머무릅니다. 하나님과 나, 나와 이웃과의 관계에 대해 말씀하시는 하나님의 명령, "네 마음을 다하고, 네 목숨을 다하고, 네 뜻을 다하여, 주 너의 하나님을 사랑하여라." 그리고 "네 이웃을 네 몸과 같이 사랑하여라"마 22:37, 39는 명령에 순종할 때에만 우리는 이 생명의 영을 간직할 수 있습니다. 어둠에 맞선 싸움을 치르고 난 후 회복되는 과정에서 우리가 어떤 태도로 자신을 대하는가도 중요한 문제입니다. 가령, 불안정한 생각들이 종잡을 수 없이 떠오를 때 어떤 자세로 대처하는지가 전반적인 감정 상태를 결정합니다. 말할 것도 없이, 적극적인 태도를 견지하는 사람내적 싸움에서 과감하고 공격적으로 임하는 사람은 상처 입지 않으려고 혹은 두려움 때문에 움츠리는 사람보다 어둠을 이겨낼 가능성이 훨씬 높습니다.

아버지께서 앞에서 언급하셨던 것처럼 양심은 때때로 우리를 비난하는데 대부분은 그럴만한 이유가 있습니다. 그러나 일단 죄를 고백하고 그것에서 돌이켰다면, 양심의 소리는 사랑의 소리, 즉 예수님의 음성에 자리를 비켜주어야 합니다. 톨스토이는 "이성적으로 사랑을 판단하면 사랑을 죽이게 된다."라고 경고했습니다. 참된 내면의 회복을 바란다면, 감정을 낱낱이 분석하려 하다가 마음속 '자유'라는 새싹을 밟는 잘못을 범하지 말아야 합니다. 자기 마음이 너무 좁고 성격이 유약하다고 끊임없이 걱정하는 것도 참으로 부질없는 일입니다. 선하고 결점이 없는 사람은 예수님 한 분뿐입니다. 오직 그분만 건강한 영혼의 소유자이십니다. 하나님과 가깝다고 동생을 질투했던 가인의 유혹을 거부합시다. 어린아이들처럼 예수님께 속했다는 사실만으로 기뻐합시다. 내면의 죄를 극복하고도 여전히 확신이 서지 않는다면 그것은 우리가 충분히 믿고 있지 않다는 방증입니다. 바울은 온전히 사랑하면 하나님께서 나를 아신 것과 같이, 우리가 온전히 알게 될 것이라고 말했습니다.고전 13:8-13 우리가 하나님을 사랑하기 전에 그분이 먼저 우리를 사랑하셨다는 요한의 말요일 4:19 역시 새겨들어야겠습니다. 우리를 온전히 아시는 그분의 크신 사랑을 우리의 작은 마음속에 깊이 새깁시다. 제 경험에 비추어볼 때 치유는 오랜 시간이 걸리는 과정입니다. 누구나 그 과정에서 실망하고 넘어집니다. 가장 피하고 싶던 죄를 범하기도 하고, 한때 극복했다고 생각했던 유혹에 다시 빠지기도 합니다. 비록 치유의 과정에서 절망할 수 있어도, "선한 일을 여러분 가운데서 시작하신 분께서 그리스도 예수의 날까지 그 일을 완성하시리라."빌 1:6는 믿음을 잃어서는 안 됩니다. 그리스도께서 십자가에 달려 느끼셨을 엄청난 고통과 외로움은 상상하기도 힘들 정도로 두려운 것입니다. 하지만 그분은 소리치셨습니다. "아버지, 내 영혼을 아버지 손에 맡깁니다." 이것이 바로 믿음의 최고봉입니다. 가장 혹독한 아픔과 버림받은 느낌 속에서도 예수님은 하나님 아버지에 대한 믿음을 잃지 않으셨습니다. 그리고 하나님의 손에 자신의 영혼을 맡기셨습니다. 사탄의 속임수와 공격 때문에 입은 상처는 하나님을 향해 흔들리지 않는 믿음을 가질 때만 치유될 수 있습니다. 믿음으로, 우리는 아무것도 느낄 수 없을 때조차 아낌없이 우리의 전부를 하나님 손에 맡길 수 있습니다. 결국, 우리가 가진 전부는 죄뿐입니다. 어린아이와 같이 주님 앞에 죄를 내려놓을 때, 그분은 우리를 용서하시고 깨끗게 하시며 우리 마음에 평화를 주실 것입니다. 그리고 말할 수 없는 사랑으로 우리를 이끄실 것입니다.

16. 정결한 마음

참된 회개와 거듭남을 경험한 지 얼마 안 된 사람은 깨끗한 양심과 정한 마음으로 살아간다는 것이 무엇인지 분명히 알게 됩니다. 이런 사람은 몇 날 며칠을 기쁨과 확신 가운데 지내기도 합니다. 그러나 대부분 얼마 안 가 다시 내면의 갈등을 겪습니다. 갈등의 이유와 정도가 다르고 또는 예전의 나쁜 습관으로 돌아가지 않더라도, 내면의 갈등은 깨끗한 양심에 대한 자신감을 조금씩 허물어뜨립니다. 많은 그리스도인이 진정한 치유와 깨끗한 양심이 가능하다는 것을 믿지 않는 이유입니다. 정결한 마음을 소유하는 것은 과연 실현 가능한 목표일까요, 아니면 한낱 이상에 불과한 것일까요? 오랜 세월, 이 질문에 대한 답을 찾기 위해 고민할 때마다 저는 마음을 정결하게 하라고 도전하신 분이 다름 아닌 예수님이었다는 사실을 떠올립니다. 인류 역사에서 유일하게 죄가 없으셨던 분이지만 그분 역시 죄의 유혹에 맞서 싸우셔야 했기에, 예수님은 우리가 넘어지고 실수할 수밖에 없는 존재임을 충분히 이해하십니다. 그런 예수님께서 여전히 우리에게 "거룩하여라." 명하시며, "마음이 깨끗한 자만이 하나님을 볼 것"^{마5:8}이라고 말씀하십니다.

스웨덴 작가 셀마 라겔뢰프의 한 소설에는 십자군 원정에 나선 기사가 등장합니다. 기사는 예수님의 무덤에서 촛불을 켜고 이탈리아에 있는 고향에 돌아갈 때까지 그 불꽃을 꺼뜨리지 않겠다고 맹세합니다. 귀향길에서 노상강도를 만나는 등 온갖 고초와 위험을 겪지만 작은 불꽃을 지키겠다는 그의 결심은 절대 흔들리지 않습니다. 소설의 마지막 부분에서 우리는 변함없는 기사의 마음이 어떻게 그의 인생을 완전히 바꾸어 놓았는지 보게 됩니다. 가장 악한 일도 서슴지 않던 잔인한 용사가 이제 새사람이 되어 고향으로 돌아온 것입니다. 소설 속 기사처럼, 어떤 것을 한결같이 소망하면 우리 역시 완전히 변화될 수 있습니다. "그리스도께서 나타나시면, 우리도 그와 같이 될 것임을 압니다. 그 때에 우리가 그를 참모습대로 뵙게 될 것이기 때문입니다. 그에게 이런 소망을 두는 사람은 누구나, 그가 깨끗하신 것과 같이 자기를 깨끗하게 합니다."^{요일} ^{3:2-3} 그러나 두 마음을 품은 사람은, 아버지의 책 *Inner Land*에 나온 표현을 빌리자면 "하나님의 뜻을 받아들이지 못하고 중요한 결정이나 과감한 결단도 내리지 못하는, 나약하고 무기력하며 게으른 상태에 놓이게 됩니다.… 이처럼 우리를 무기력하게 하는 욕망에 맞서 한 치의 틈도 허락하지 않는, 정직하고 흠 없는 태도가 바로 정결한 마음입니다."

'정직하고 흠이 없는 태도'가 한낱 이상에 불과하다고 단정하기 전에 사도 바울이 정결한 마음에 관해 무엇이라고 얘기하는지 살펴볼 필요가 있습니다. 바울은 우리가 내면의 갈등을 경험하며 늘 유혹에 시달리는 것은 전혀 이상한 일이 아니라고 말합니다. 그는 악에 맞선 싸움은 충분히 이길 수 있는 싸움이라고 단정하며 "모든 생각을 사로잡아, 그리스도께 복종시키라."고후 10:5고 합니다. 물론 현실에서 승리가 멀어 보일 때도 있습니다. 그럴 때 우리는 이 싸움이 인간이 타락한 이후 계속된 전면전임을 기억해야 합니다. 예수님이 부활하시고 오순절에 사람들에게 성령이 임한 후부터, 이 싸움은 더욱 격렬해졌습니다. 바울의 말에서 주목해야 할 부분은 우리의 생각을 사로잡아 그리스도께 복종시키는 것이 '가능하다'는 그의 신념입니다. "고요한 마음에 관하여"라는 글에서 에크하르트는 우리가 일상에서 어떻게 정결한 마음을 경험할 수 있는지 설명하고 있습니다.

> 마음속에 하나님을 영접하려면, 타고 난 본성을 벗어버려야 한다. 인간적인 본성이 끝나는 곳에서 하나님은 일하기 시작하신다. 당신이 육체적인 본성에 이끌려 살고 있다

면 과감히 그런 삶을 청산하고 하나님께 자신을 맡기라. 이것이 하나님께서 당신에게 바라시는 전부다. 자기 자신에 대한 이미지는 아주 작은 것일지라도 하나님을 가릴 수 있을 만큼 크다. 그런 이미지는 온전히 하나님을 경험하는 데 방해가 될 뿐이다. 이 이미지를 품는 만큼 하나님은 물러나고, 이 이미지를 버리는 만큼 하나님은 가까이 다가오신다. 모든 악은 이기심에서 시작된다. 이기심이 자리 잡은 곳에는 선하고 온전한 것이 들어설 수 없다. 따라서 영혼이 하나님을 만나려면 자기를 잊고 자신을 버려야 한다. 자신에게서 시선을 떼지 않으면 하나님을 볼 수도, 알 수도 없다. 하지만 하나님을 위해 자신을 버리고 모든 것을 내려놓으면, 영혼은 하나님을 보기 시작하고 그분 안에서 자신을 되찾는다. 그제야 영혼은 참된 자아를 깨닫고 하나님 안에서 만물을 새롭게 본다.… 사소하고 하찮은 것들을 포기하면 그것들은 사라지지 않고 순수하고 영원한 옷을 입고 돌아온다. 속되고 덧없는 것들을 포기한 사람은 결코 그것들을 잃지 않고 하나님 안에서 되찾는다. 그분 안에서 모든 존재는 참된 의미를 회복한다.… 어떤 이가 스스로 덧없는 것에서 돌이켜서 최고선인 하나님을 찾는다면 그것은 분명 은혜의 빛을 경험했다는 증거다. 하나님을 찾는 영혼은 외부에 시선을 돌리지 않고 내면의 가르침에 귀 기울인다. 성령께서 우리에게 복된 삶을 가르치시는 곳이 바로 내면임을 잘 알고 있기 때문이다. 하나님을 찾는 영혼은 매사에 그분의 뜻을 따르려고 최선을 다한다.… 육신의 악한 욕망을 줄이고 마음속에 은혜가 넘치게 하려고, 세상일들을 멀리하고 고난을 달게 받으며 늘 깨끗한 양심을 유지한다.

'육신'이라는 단어를 들은 사람들은 대개 성적 욕망이나, 과음, 과식 같은 것들을 먼저 떠올립니다. 하지만 그것들이 '육신'의 전부는 아닙니다. 성적 방종과 폭음, 폭식이 '육적'이듯이 독선과 위선, 자아에서 비롯된 모든 것들그리스도께 속하지 않은 모든 것들 역시 '육적'입니다. 따라서 마음을 깨끗하게 한다는 것은 육적인 것들, 특별히 영적 자만을 극복할 수 있도록 끊임없이 하나님께 기도하는 것을 뜻합니다. 우리 마음에 하나님을 위한 공간을 남기지 않는다는 점에서 자만은 가장 나쁜 육적 본성입니다. 솔직하게 자신을 돌아본다면, 누구나 매일같이 하나님의 용서가 필요하다는 것을 인정할 것입니다. 그러나 이 같은 연약함은 죄를 짓기 위한 변명으로 사용되지 않는 이상, 결코 하나님나라에 걸림돌이 되지 않습니다. 바울도 "하나님의 권능은 약한 자 안에서 완전히 드러난다."고후 12:9고 말하지 않습니까. 결국, 정결한 마음을 원한다면 우리는 하나님께 삶을 바칠 준비가 되어 있어야 합니다. 넘어지고 실패해도 다시 일어나 자신을 새롭게 드려야 합니다. 마음이 정결한 사람은 비록 완벽하지 않아도, 한 방울의 땀도 아끼지 않고 오로지 결승점을 향해 나아갑니다.

> 나는 이것을 이미 얻은 것도 아니며, 이미 목표점에 다다른 것도 아닙니다. 그리스도 예수께서 나를 사로잡으셨으므로, 나는 그것을 붙들려고 좇아가고 있습니다.… 뒤에 있는 것은 잊어버리고, 앞에 있는 것을 향하여 몸을 내밀면서, 그리스도 예수 안에서, 하나님께서 위로부터 부르신 그 부르심의 상을 받으려고, 목표점을 바라보고 달려가고 있습니다. 빌 3:12,14

17. 십자가

지금까지 악한 생각과 나쁜 감정을 극복하려는 '내면의 싸움'에 관한 글을 쓰면서, 여러분을 그리스도와 그분의 십자가로 안내하기 위해 노력했습니다. 십자가는 모든 인생이 거쳐 가야 할 곳입니다. 온 세상을 다 뒤져봐도 죄를 용서받고 고통에서 해방될 수 있는 곳은 오직 십자가뿐입니다. 신앙을 가진 사람들은 누구나 그리스도께서 우리를 위해 십자가를 지셨다는 것을 알고 있습니다. 하지만 아는 것으로 충분하지 않습니다. 그리스도께서 우리를 위해 돌아가셨듯이 우리도 그분을 위해 기꺼이 삶을 드리지 않는 한, 그분의 희생은 헛된 것입니다. 그리스도는 고난의 길을 가셨습니다. 그 길의 마지막은 빛과 생명의 승리였지만, 시작은 추운 마구간의 여물통이었습니다. 사람들에게 거절과 배신을 당하며 온갖 고통을 겪으신 그분은 철저하게 버려진 상태로 십자가에 달려 돌아가셨습니다. 자신을 그리스도의 제자라고 부르는 사람이라면 조금의 머뭇거림도 없이 그분의 뒤를 따를 수 있어야 합니다. 그리스도는 단

번에 악의 저주를 끊고 어둠을 영원히 종식하려고 십자가에 달리셨습니다.

악의 실재를 믿지 않는 사람은 십자가를 이해할 수 없습니다. 예수님이 악을 정복하고 우리를 어둠의 권세에서 구원하려고 이 땅에 오셨다는 것을 깨닫지 못한다면, 왜 우리에게 십자가가 필요한지 결코 이해할 수 없을 것입니다. '모든 사람을 사랑하시는 하나님'과 같이 다정하고 너그러운 하나님의 이미지는 분명 놀라운 것입니다. 그러나 그것은 하나님의 성품 중 작은 한 부분일 뿐입니다. '사랑의 하나님'이라는 막연한 개념은 오히려 그분을 온전히 체험하는 데 걸림돌이 됩니다. 물론 하나님은 위로하시고 치유하시며 구원하시고 용서하시는 분이십니다. 그러나 또한 심판하시는 분이심을 절대 잊어서는 안 됩니다. 진정으로 그리스도를 사랑한다면 그분의 모든 것, 사랑과 자비뿐 아니라 그분의 준엄하심까지 사랑해야 합니다. 우리를 깨끗게 하고 정결케 하는 것은 바로 그리스도의 준엄하심입니다. 그리스도의 사랑은 인간의 사랑처럼 감정적이고 무른 사랑이 아닙니다. 그 사랑은 불순물을 제거하는 풀무불처럼 죄를 없애는 뜨거운 사랑이며, 자기희생을 요구하는 사랑입니다. 다음은 제 아버지의 글입니다.

세상을 이기려면 희생을 치러야 한다. 어린양 예수를 통하지 않고서 사탄을 이길 수 없다. 그분은 흠이 없는 희생양이 되어 악을 물리치셨다. 십자가에서 희생적인 사랑을 보이심으로써, 악한 용을 무찌르고 사탄을 무장 해제시키셨다. 이제 죽음과 어둠을 앞세운 사탄은 십자가에 달리신 그리스도와 믿음으로 하나 된 이들을 더는 당해낼 수 없다.

이 글은 우리에게 그리스도의 자유를 얻으려면 십자가에 달리신 그분과 하나 되어야 한다고 말합니다. 선과 악의 싸움의 중심에 십자가가 있는 것처럼, 우리 마음의 중심에도 십자가를 두어야 합니다. 오직 십자가를 통해서만 승리할 수 있습니다! 영혼을 깨끗하게 하는 것은 십자가뿐입니다! 십자가에서 악의 무리는 사라지고, 모든 인간을 향한 그리스도의 사랑이 영원히 타오릅니다. 십자가를 보며 인류는 평안을 얻습니다. 우리가 이 십자가의 능력을 진리로 받아들이지 않고 개인적으로 깊이 체험하고 가슴에 새기지 않는 한, 그것은 공허한 말에 지나지 않습니다. 우리가 그분과 한 몸을 이룰 때까지, 예수님은 한 사람 한 사람에게 자신을 내어주십니다. 이것은 철학이 아닙니다. 살아있는 양식이며 생명 그 자체입니다. 십자가를 경험하는 사람은 머리부터 발끝까지 삶 전체가 바뀝니다. 이 변화는 단지 일시적 변화가 아닌 영원한 변화입니다. 예수님을 마음 깊이 경험하게 되면 그분이 우리를 위해 겪으신 고통을 아주 조금이나마 깨닫게 됩니다. 앞에서 살펴본 것처럼, 이러한 체험을 한 사람은 기도와 침묵 가운데 자신을 주님께 드리고, 서로에게 죄를 고백하며, 회개하는 심령으로 십자가 앞에 죄를 내려놓습니다. 그때 예수님은 우리를 받아주시고, 우리에게 하나님과 화해하는 길을 열어주시며, 깨끗한 양심과 정결한 마음을 주십니다. 영원한 죽음에서 건지시고 새 생명을 주시는 그분의 사랑이 우리 마음에 넘치면, 그분을 향한 사랑도 더욱 커갈 것입니다.

그러나 여기서 멈춰서는 안 됩니다. 우리를 정결케 하는 십자가의 은혜를 개인적으로 경험하는 것도 중요하지만 그것에만 집중하는 것은 어리석은 일입니다. 그리스도의 사랑은 위대합니다. 그 사랑을 경험한 사람은 자신의 사소한 문제를 뛰어넘어, 개인의 구원 문제에 매몰되지 않고, 다른 이들의 불행을 볼 수 있어야 합니다. 그리고 그 모든 불행 너머 하나님의 위대하심과 그분이 창조하신 놀라운 세상을 바라볼 수 있어야 합니다. 십자가는 개인사를 뛰어넘는 위대한 사건이며 전 우주적 의미를 지닌 사건입니다. 십자가에서 시작된 구원의 파장은 지구를 넘어 모든 천체에 미칩니다! 골고다의 십자가는 아마도 하나님만 아시는 비밀 중에 가장 위대한 비밀일 것입니다. 골로새서에서 바울은 십자가의 신비에 대해 다음과 같이 언급하고 있습니다.

하나님께서는 그분의 안에 모든 충만함을 머무르게 하시기를 기뻐하시고, '그분의 십자가의 피'로 평화를 이루셔서, 그분으로 말미암아 만물을, 곧 땅에 있는 것들이나 하늘에 있는 것들이나 다, 자기와 기꺼이 화해시켰습니다. 골 1:19-20

십자가에서, 땅과 하늘과 천상의 세계의 통치자들과 권세자들 모두 하나님과 화해하게 될 것입니다. 누구도, 심지어 천사들도 십자가를 온전히 이해할 수는 없습니다. 그런데도 우리가 아는 한 가지 사실이 있습니다. 그것은 그리스도께서 마지막 원수인 죽음을 이기셨다는 것, 그리고 그로 인해 우리가 사는 이 행성과 그 너머의 세계까지 영향을 미치는, 어떠한 일이 시작됐다는 것입니다.

18. 하나님나라를 꿈꾸는 삶

결론적으로, 아무리 강한 의지와 좋은 의도를 가지고 최선을 다해도 예수님이 함께하시지 않으면 우리는 결코 선한 일을 행할 수 없습니다. 가지가 살아있는 줄기에 붙어 있을 때 결실을 보는 것처럼, 우리도 참포도나무이신 예수님요 15:4 안에 머물러야 열매 맺는 삶을 살 수 있습니다. 그러나 예수님은 우리가 단지 그분 안에 머무르는 것으로 만족하지 않으십니다. 앞장에서 살펴봤듯이, 살아계신 예수님과 인격적인 만남 없이 구속의 전 우주적 의미, 십자가의 의미를 깨닫기란 불가능합니다. 하지만 예수님과 개인적으로 교제하는 차원에 만족한 나머지, 우리를 향한 그분의 계획이 광대한 우주의 작은 한 조각일 뿐이라는 것을 인식하지 못한다면 우리는 그리스도를 너무 작게 만들고 있는 것입니다.

예수님을 가까운 친구로 삼고, 하나님과 영원히 사귈 수 있게 하신 구세주로 인정하며 사랑하는 것만으로 충분치 않습니다. 그분은 우리에게 그 이상을 바라십니다. 예수님은 우리가 위대한 하나님나라의 비전을 품기를 기대하십니다. 자신을 괴롭히던 죄의 문제를 극복했다고 마치 할 일을 모두 끝낸 것처럼 안주해서는 안 됩니다. 도덕적인 관점에서 가장 의로운 사람일지라도 다른 이들에 대한 연민이나 관심이 없다면 그 사람의 마음은 여전히 깨끗하지 않습니다. 자신은 배부르면서 이웃의 배고픔을 돌보지 않는다면 진정으로 죄를 극복한 사람이 아닙니다. 예수님은 우리가 세상의 불의와 고통을 보며 그분과 더불어 아파하기를 원하십니다. 모든 사람을 위해 정의를 열망하고, 예수님의 자비와 공의, 평화를 세상에 드러내며, 하나님나라를 이 땅에 실현하기 위해 그분과 함께 싸우기를 바라십니다. 재차 말하지만, 이 모든 일은 개인적 회심이 없다면 불가능합니다. 어떤 사람이 그리스도의 편에 설 때마다, 그의 영혼을 옭아매던 죄의 사슬이 끊기고 어둠이 사라지며 하나님나라를 위한 또 하나의 승전고가 울립니다! 그러나 예수님과의 만남이 개인적 변화에 그친다면, 우리는 하나님나라라는 큰 그림을 놓치고 있는 것입니다. 제 아버지는 이에 대해 다음과 같이 말씀하셨습니다.

> 너무나 많은 그리스도인의 관심이 개인적 차원을 벗어나지 못한다. 구원이라는 은혜를 이미 받았음에도 그들은 끊임없이 그 사실을 확인하고 싶어 한다. 개인의 구원 문제

에 치중하는 대신 그들은 고백해야 한다. "예수님을 만나고 저는 그리스도와 하나님나라에 대한 분명한 비전을 보았습니다. 이제 이 땅에서의 제 삶은 하나님나라의 일부입니다."

성경이 우리에게 하나님나라와 그의 의를 먼저 구하라고 하는 것은 바로 이러한 이유에서일 것입니다. 이 말씀은 우리에게 개인적으로 복 받을만한 삶을 살 뿐 아니라 하나님나라를 위해 싸우는 용사의 삶을 살라고 도전합니다. 주님 오실 날을 기대하며 더욱 치열하게 살아갑시다! 인생의 모든 측면에서 예수님을 기대하지 않는다면 그분을 전혀 기다리지 않는 것과 다를 바 없습니다. 저는 날마다 자신에게 묻습니다. 오늘도 진정 최선을 다해 소망하고, 싸우고 사랑했는가? 하나님나라에 대한 기대는 삶으로 드러나야 합니다.

산상수훈의 마지막 부분에서 예수님은 다음과 같이 말씀하셨습니다. "내 말을 듣고 그대로 행하는 사람은, 반석 위에다 자기 집을 지은, 슬기로운 사람과 같다."^{마 7:24} 하나님을 진정으로 사랑하는 사람은 그분의 뜻을 행함으로 그 사랑을 증명합니다. 변덕스러운 감정 때문에 혼란스러울 때도 '내가 진정 원하는 것이 무엇인가?'라는 질문에 대해 분명히 답할 수 있어야 합니다. 당신은 예수님을 간절히 찾고 있습니까, 아니면 그분에게서 도망치고 있습니까? 둘 사이의 선택이 당신의 삶을 영원히 결정지을 것입니다. 하나님나라를 위해 산다는 것은 정말로 위대한 일입니다! 절대 움츠러들지 마십시오. 그 나라를 위해 살고, 그 나라를 구하십시오. 하나님나라는 너무나 강력해서 당신을 완전히 압도할 것입니다. 그 나라는 당신의 문제뿐 아니라 세상의 모든 문제를 해결할 것입니다. 새로운 세상에서 사람들은 그리스도 안에 거하며 서로 사랑할 것입니다. 죄와 분열, 고통과 어둠과 죽음은 사라지고 오직 사랑만이 지배할 것입니다.